AF543792

leykam: *seit 1585*

RAFFAELA SCHÖBITZ

MACH DIR DIE WELT

30 FRAUEN ERZÄHLEN: EIN BUCH ZUM MITMACHEN

leykam: Kinder- und Jugendbuch

INHALT

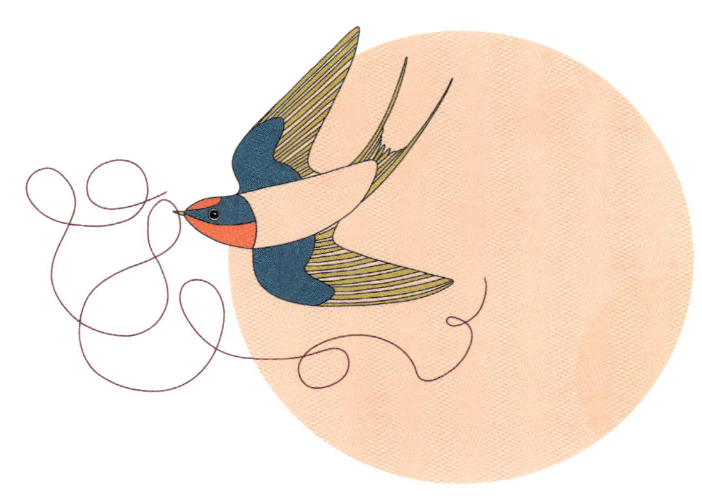

VORWORT

Das ist das allererste Vorwort, das ich in meinem Leben schreibe. Was mich gleich zur Idee dieses Buches bringt. Und zwar, etwas zum ersten Mal zu machen. Oder etwas zu tun, das man gerne macht. Eine Geschichte schreiben, eine Collage kleben, sich um die Umwelt Gedanken machen, etwas erfinden. Denn dieses Buch möchte zum Mitmachen, Mitdenken und Mitreden einladen. Vielleicht bringt es dir einen unbekannten Gedanken näher oder zeigt dir einen Beruf, den du so noch nicht kanntest, der dich interessiert und inspiriert. Auch wenn die Porträts ausschließlich Frauen vorstellen, möchte ich alle Personen, egal welchen Geschlechts (oder Geschlechtslosigkeit), Glaubens und welcher Herkunft herzlich willkommen heißen, sich auf eine Reise zu diesen Menschen zu begeben. Frida Kahlo, Greta Thunberg, Judit Polgár, ... sie alle erzählen von ihrem Aufwachsen, ihrem Beruf, ihrem Leben und was sie zu den Frauen gemacht hat, die wir heute kennen und möglicherweise sogar bewundern. Sie waren und sind Erfinderinnen, Künstlerinnen, Rebellinnen, Sportlerinnen, Politikerinnen. Und viele von ihnen waren und sind auch eines: Mütter. Diese Lebensaufgabe, diesen Beruf – denn er ist auch das – möchte ich hier nicht ausklammern. Ein Kind zur Welt zu bringen und es auf seinem Weg durchs Leben zu begleiten, ist die wundervollste, beängstigendste, inspirierendste und herausforderndste Aufgabe, der man sich im eigenen Leben wohl stellen kann. Dass dies in unserer Gesellschaft nicht auch als Beruf anerkannt wird, sehe ich als großes Problem. Heute wie damals leisten vor allem Frauen Großes, wenn sie beides schaffen: ihre Karriere und das Muttersein zu vereinen. Frag einmal deine Mutter. Vielleicht erzählt sie dir etwas, das du vorher noch nicht wusstest.

FRIDA KAHLO

06. JULI 1907 – 13. JULI 1954

it vollem Namen heiße ich Magdalena Carmen Frida Kahlo y Calderón. Geboren werde ich am 6. Juli 1907 in einem Vorort von Coyoacán (heute Mexiko-City), obwohl ich gerne behaupte, mein Geburtsjahr sei 1910. Denn in diesem Jahr begann die mexikanische Revolution – und ich bin eine Revolution!

Gemeinsam mit meinen drei Schwestern und zwei Halbschwestern wachse ich im Familienhaus Casa Azúl (das „Blaue Haus") auf. Es wurde von meinem Vater, Guillermo Kahlo, der in Deutschland als Carl Wilhelm Kahlo geboren worden ist, erbaut. Meine Mutter, Matilde Calderón y Gonzalez, kann weder lesen noch schreiben und lehrt uns Mädchen stattdessen Nähen, Sticken und den Haushalt zu führen. Mein Vater hingegen führt mich in die Welt der Kunst und in sein Handwerk, die Fotografie, ein.

„LETZTLICH SIND WIR FÄHIG, SEHR VIEL MEHR AUSZUHALTEN, ALS WIR UNS VORSTELLEN KÖNNEN."

Als Kind leide ich unter schwerer Skoliose, was man damals noch „Wirbelsäulenverkrümmung" nennt. Dadurch ist mein rechtes Bein kürzer und dünner als das linke. Die anderen Kinder nennen mich „Holzbein-Frida". Mein Vater hilft mir dabei, mein Anderssein in Stärke zu verwandeln. Ungewöhnlich für ein Mädchen in der damaligen Zeit lässt er mich schwimmen, boxen und Fußball spielen.

Ich bin 15 Jahre alt. Nach langem Hin und Her mit meiner Mutter kann sich mein Vater schließlich doch durchsetzen und ich werde als eine von 35 Frauen unter 2.000 Schüler*innen für ein Hochschulstudium an der Escuela Nacional Preparatoria aufgenommen. Ich interessiere mich für Anatomie und träume davon, Ärztin zu werden. Außerdem bin ich Mitglied einer politischen Student*innen-Gruppe, die sich „Los Cachuchas" nennt und mit sozialistischen und nationalen Ideen sympathisiert. Ich bin erfüllt von einer Leidenschaft für alles, was mich umgibt. Dazu zählen bald auch Männer (und Frauen). Meine Freundinnen aus Kindertagen, vor allem aber meine Mutter, schlagen die Hände über dem Kopf zusammen. In ihren Augen verhalte ich

VIVA LA REVOLUCIÓN

mich nicht so, wie es sich für eine Frau gehört. Doch ich will einfach nur ich selbst sein und tun, wonach mir der Sinn steht. Das ist mir das Wichtigste.

Am 17. September 1925, ich bin gerade einmal 18 Jahre alt, geschieht der folgenschwere Bus-Unfall, der mein Leben für immer verändert. Mein Becken wird von einer Stahlstange durchbohrt und nach unzähligen Operationen werde ich in einen Ganzkörpergips und ein Stahlkorsett gezwängt. Wenn ich alle Tage zusammenzähle, komme ich auf über ein Jahr, in dem ich das Bett nicht verlassen darf. Schmerz wird für immer Teil meines Lebens sein.

IN IHRER KUNST BESCHÄFTIGTE SIE SICH MIT IDENTITÄT, GESCHLECHT, KLASSE UND HERKUNFT.

Um mich abzulenken, hängt meine Mutter einen Spiegel an die Decke über dem Bett und mein Vater schenkt mir Farben. Ich male mein erstes Selbstporträt, denn ich bin viel allein und kenne mich außerdem selbst am besten. Vor allem aber male ich, was für mich unerreichbar geworden ist und um meine Schmerzen zu verarbeiten.

Im Laufe der Zeit schaffe ich es, wieder gehen zu lernen, obwohl die Ärzte mir das Gegenteil prophezeien. Als Spätfolge des Unfalls erleide ich mehrere Fehlgeburten – und auch diese Erfahrungen verarbeite ich in meiner Malerei. Genauso wie die leidenschaftliche und zugleich zerstörerische Liebe zu „meinem Muralista" Diego Rivera. Obwohl er sehr viel älter ist als ich, begeistern mich seine Wandmalereien – „Murales" – und seine Revoluzzer-Haltung. Denn auch ich bin eine Revoluzzerin und lebe, denke und handle bis an mein Lebenende politisch. Ich hinterfrage meine eigene Identität als Frau und westliche Schönheitsideale – für meinen Damenbart und meine „Unibrow", die ich mit großem Stolz trage, werde ich sogar richtig berühmt!

Für die damaligen Verhältnisse bin ich in jedem Sinne eine unkonventionelle Frau. Meine Art zu malen ist etwas Ungewöhnliches und Neues. In meinen Bildern beschäftige ich mich mit Sexualität, Gewalt, Geburt und Tod. Vor allem mystische und religiöse Motive, Skelette, Totenköpfe und traumähnliche, farbenfrohe Gestalten, Tiere und Pflanzen bevölkern meine Bilder.

SIE KOMBINIERTE MEXIKANISCH-FOLKLORISTISCHE KUNST UND MAGISCHEN REALISMUS.

1938 habe ich meine erste Einzelausstellung in New York. Ein Jahr später kauft der Louvre in Paris eines meiner Werke und 1953 wird in der Galerie der Fotografin Lola Álvarez Bravo meine erste Einzelausstellung in Mexico-City eröffnet. Wieder fesseln mich Schmerzen für eine längere Zeit ans Bett, und so entscheide ich kurzerhand, meine Gäste im Liegen zu empfangen. Gemeinsam singen und trinken wir, bis der Morgen anbricht.

Am 13. Juli 1954, eine Woche nach meinem 47. Geburtstag, verlasse ich schließlich diesen Körper, der mir zum Gefängnis geworden ist. Ob an einer Lungenembolie oder den Folgen eines Sturzes, aufgrund einer Überdosis an Schmerzmitteln, meine Todesursache ist bis heute nicht gänzlich geklärt.

Ich wurde zu einer der bedeutendsten Künstlerinnen der Geschichte.

FERTIGE EIN SELBSTPORTRÄT AN!

Schnapp dir, was du gerade zur Hand hast – vielleicht reicht dieser Platz im Buch aus oder ein Blatt Papier – und irgendeinen Stift. Wenn du gerade Lust und Zeit hast, gehen natürlich auch Leinwand und Farben (z.B. Acryl oder womit auch immer du dich wohlfühlst). Das Wichtigste ist ein Spiegel. Sieh dich an. Was siehst du? Wen siehst du? Was geht in dir vor, wenn du dich betrachtest? An was denkst du? Gibt es etwas, das dich speziell ausmacht und von anderen unterscheidet? Es muss nicht nur dein Gesicht sein. Versuche all das in dein Selbstporträt miteinfließen zu lassen.

VALENTINA TERESCHKOVA

GEBOREN AM 6. MÄRZ 1937

ls Valentina Vladimirovna Tereschkova werde ich am 6. März 1937 in Maslennikowo, Russland, geboren. Nachdem mein Vater im Zweiten Weltkrieg stirbt, zieht meine Mutter mit uns Kindern in die nächstgrößere Stadt Jaroslawl, wo es bessere Arbeit für uns gibt. Ich werde in einer Fabrik für Autoreifen angestellt und danach für sieben Jahre als Zuschneiderin und Büglerin in einer Spinnerei. Neben der Arbeit besuche ich ein Technikstudium an der Abendschule.

Mit 18 Jahren entdecke ich meine Leidenschaft fürs Fallschirmspringen und stürze mich im „Aeroclub" aus großen Höhen in die Tiefe. Ein Jahr nachdem ich mit 23 mein Studium mit Diplom abschließe, ist der sowjetische Kosmonaut (russische Bezeichnung für Astronaut*in) Juri Gagarin der erste Mensch im All. Ich bin begeistert und lese alles, was ich über Kosmonautik in die Hände kriege.

„ICH HABE SCHON ALS KIND VON EINER REISE ZU DEN STERNEN GETRÄUMT. ZUR NOT WÄRE ICH AUF EINEM BESEN HINGEFLOGEN."

Ich bin nicht die einzige Frau, die, durch Gagarin inspiriert, von der Raumfahrt träumt. Das Projekt, Kosmonautinnen auszubilden, ist allerdings bei den sowjetischen Raumfahrtbehörden und beim Militär umstritten. Weil es zu dieser Zeit nur wenige Pilotinnen in der UdSSR gibt, suchen sie auch unter den Fallschirmspringerinnen nach geeigneten Kandidatinnen. Darauf habe ich nur gewartet, denn alle meine bisherigen Bewerbungen an der Kosmonautenschule wurden bis dahin abgelehnt.

Ich bin 25 und werde aus 58 Kandidatinnen ausgewählt, mit vier anderen Russinnen gemeinsam die zweite Kosmonaut*innen-Gruppe der UdSSR zu bilden. Die Auswahlbedingungen sind dabei wie folgt: Man muss Fallschirmspringerin und jünger als 30 Jahre sein, darf nicht größer als 170 Zentimeter sein und nicht mehr als 70 Kilo wiegen. Ein Jahr später werden aber auf einmal keine neuen Wostok-Raumschiffe (erste Generation sowjetischer Raumschiffe) mehr hergestellt. Die einzigen zwei Raumschiffe, die noch übrig sind, sind nur für eine Person konstruiert und sollen jeweils mit einer Frau und einem Mann besetzt werden.

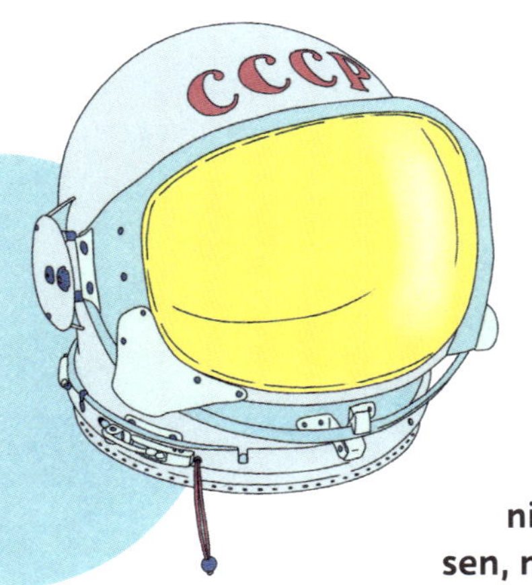

Das Abflugdatum rückt immer näher und ich kann mein Glück kaum fassen, dass ich ausgewählt werde, um mit der einsitzigen Rakete ins All zu starten. Am 16. Juni 1963, ich bin 26 Jahre alt, erreiche ich mit der „Wostok 6" die Erdumlaufbahn und bin damit die erste Frau im Weltall. „Alles läuft perfekt!", ist der erste Funkspruch, den ich aus der Erdumlaufbahn sende. In Wahrheit aber leide ich während des Fluges unter der damals noch nicht erforschten Raumkrankheit. Ich kann nichts essen, mir ist ständig schwindelig und ich muss mich übergeben. Weil es mir so schlecht geht, kann ich mich kaum auf meine Aufgaben konzentrieren. Ich schlafe, wenn ich wach sein soll, und umgekehrt. Auch während der gefährlichen Landephase bringe ich die Mitarbeiter*innen im Kontrollzentrum zur Verzweiflung.

Der erste Raumflug einer Frau endet nach einer Flugzeit von zwei Tagen 22 Stunden und 50 Minuten. Ich lege dabei 1.971 Millionen Kilometer zurück und mache 49 Erdumkreisungen. Am 19. Juni 1963 lande ich, wie bei Wostok-Flügen üblich, indem ich mich mit einem Schleudersitz aus der Landekapsel katapultiere und mit einem Fallschirm zu Boden segele.

Wieder zurück auf der Erde erhalte ich den Lenin-Orden und den Ehrentitel „Heldin der Sowjetunion". Ich werde als Himmelsstürmerin wie ein Pop-Star gefeiert: Schön, kühn, entschlossen, charmant und mutig nennt man mich und gibt mir den Spitznamen „Tschaika", die Möwe. Meine Probleme während des Fluges werden als Staatsgeheimnis unter den Teppich gekehrt. Der Leiter der sowjetischen Raumfahrtbehörde ist aber so entsetzt über mein Fehlverhalten, dass es 20 Jahre lang keinen einzigen weiblich besetzten Weltraumflug mehr gibt.

DIE WELTRAUMKAPSELN WAREN DAMALS NOCH SO KLEIN, DASS NUR EINE PERSON DARIN PLATZ HATTE.

Noch im selben Jahr reise ich mit Juri Gagarin als gefeierte Kosmonautin durch die Welt und heirate außerdem meinen Kosmonauten-Kollegen Andrijan Nikolajew. Ein Jahr später bringe ich unsere gemeinsame Tochter zur Welt und beginne ein Studium an der Ingenieurakademie der sowjetischen Luftstreitkräfte in Moskau. Mit 31 Jahren werde ich zur Vorsitzenden des Frauenkomitees der UdSSR und zwei Jahre später zur stellvertretenden Vorsitzenden der „Kommission für Erziehung, Wissenschaft und Kultur" gewählt.

Heute arbeite ich als Abgeordnete im Abgeordnetenhaus des Kreises Jaroslawl. Außerdem wäre ich jederzeit zu einer Marsmission ohne Wiederkehr bereit. Der Mars ist nämlich mein Lieblingsplanet.

Bis zu diesem Tag bin ich die einzige Frau, die je allein ins Weltall gereist ist.

IHRE MISSION IST BIS HEUTE DIE EINZIGE, AN DER NUR FRAUEN BETEILIGT WAREN.

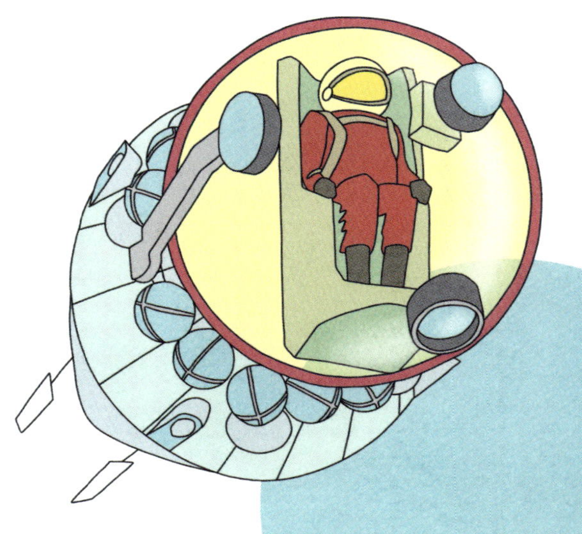

WEISST DU, WIE VIEL STERNLEIN STEHEN?

Schon seit jeher beobachtet der Mensch mit Staunen den nächtlichen Sternenhimmel. Wenn man genau schaut, erkennt man unterschiedlich helle Sterne am Firmament. Manche scheinen nahe zusammenzuliegen, andere wiederum stehen völlig allein da. Ähnlich wie Wolkenbilder gruppieren wir die Sterne ganz automatisch zu Formen, das nennt man auch „Mustererkennung". Aus der Bildung von Sternengruppen und Formen sind so über die Zeit die Sternbilder entstanden, wie wir sie heute kennen. „Großer Wagen", „kleiner Bär", „Cassiopeia", ... Zu vielen dieser Formationen gibt es eine eigene Geschichte. Für Nomad*innen und Seefahrer*innen haben sie außerdem einen praktischen Zweck, da sie den Nachthimmel mit seinen markanten Sternbildern zur Navigation nutzen (Sternenkarte).

Hast du schon einmal versucht, Sternbilder am Nachthimmel zu erkennen? Welche Formationen kennst du? Entdeckst du möglicherweise auch neue? Zum Beispiel einen dreischwänzigen Skorpion. Such dir am Himmel ein Sternbild aus, das du hier ins Buch zeichnen willst, und gib ihm einen Namen.

STERNBILD-FORMATION:

NAME:

....

....

....

....

ASTRID LINDGREN

14. NOVEMBER 1907 – 28. JÄNNER 2002

ch heiße Pippilotta Viktualia Rollgardina Pfefferminz Efraimstochter Langstrumpf. Tochter von Kapitän Efraim Langstrumpf, früher Schrecken der Meere, jetzt Südseekönig. Pippi wer? Ach was, Quatsch! Mein richtiger Name ist Astrid Anna Emilia Ericsson, später: Astrid Lindgren. Am Ende meines Lebens werde ich 34 Bücher und 41 Bilderbücher geschrieben haben, die in über 100 Sprachen übersetzt wurden.
Und das ist die Wahrheit!

Geboren werde ich am 14. November 1907 auf dem Hof Näs, ganz in der Nähe der Kleinstadt Vimmerby, in Südschweden. Umgeben ist das alte rote Haus von Apfelbäumen und Kindern. Nicht nur meine drei Geschwister, auch die Töchter und Söhne der Hofarbeiter*innen wohnen hier und wir leben unsere eigene Bullerbü-Kindheit: tollen durch die Frühlingswiesen, pflücken im Sommer saftige Kirschen, die wir uns an die Ohren hängen, und im Winter bewachen Schneemänner den Bauernhof.

Aber wir müssen auch hart arbeiten, denn in meiner Kindheit gibt es noch keine Landwirtschaftsmaschinen wie Traktoren. Gemeinsam mit Knechten, Mägden und Tagelöhnern, also Arbeitern, die nur tageweise beschäftigt werden, arbeiten auch wir Kinder unermüdlich mit. So wachse ich mit vielen Menschen unterschiedlichen Alters und verschiedenster Herkunft auf, die später zu Charakteren in meinen Büchern werden. Auch Radio und Fernsehen gibt es bei uns am Hof noch nicht. Es wird also erzählt, gedichtet und gesungen. In Pausen oder bei den Mahlzeiten, abends und bei der Arbeit: Geschichten, Lügengeschichten, komische Geschichten und Lieder.

„LASS DICH NICHT UNTERKRIEGEN, SEI FRECH UND WILD UND WUNDERBAR."

Ich bin vier Jahre alt. Mein Bruder und ich sitzen auf dem Fußboden und lauschen der wundersamen Sage über den „Riesen Bam-Bam und die Fee Viribunda" – und wie durch Magie ist plötzlich die ganze Küche

DIE MEISTEN IHRER BÜCHER HANDELN VON STARKEN KINDERN, DIE AUS EIGENER KRAFT ABENTEUER BESTEHEN.

bevölkert mit Hexen, Feen und Riesen. Ich möchte nicht älter werden. Erwachsene sind langweilig. Sie haben nur einen Haufen Arbeit und komische Kleider und Hühneraugen. Aber es hilft nichts, die Jahre ziehen trotzdem ins Land.

Mit sieben Jahren komme ich in die Grundschule in Vimmerby. Schon am ersten Tag freunde ich mich mit einem hübschen schwarzhaarigen Mädchen an: Sie heißt Anne-Marie Fries, kurz Märta. Märta ist stark und mutig und meine beste Freundin. Wir treffen uns jeden Tag, spielen Indianerin und klettern in Bäumen und auf Dächern herum. In der Schulbibliothek gibt es Unmengen an Büchern, die ich alle lese. Ich lerne gerne Sprachen und schreibe viele Geschichten. Als ich 13 Jahre alt bin, veröffentlicht die Zeitung von Vimmerby einen meiner Schulaufsätze mit dem Titel „Auf unserem Hof". Da ist mir klar, ich will Schriftstellerin werden!

Als ich in die Pubertät komme, verändert sich vieles. Ich bin 15 und die Welt erscheint mir tonlos, leblos und mich selbst finde ich hässlich. Alle anderen sind ständig verliebt. Ich nicht. Dafür lasse ich mir als erste junge Frau in Vimmerby die Haare kurz schneiden. Was für eine Aufregung! Die Menschen kommen auf der Straße zu mir und bitten mich, meinen Hut abzunehmen, damit sie das Spektakel bewundern können.

Nach meinem Schulabschluss werde ich mit 16 Jahren von der örtlichen Zeitung angestellt. Der Chefredakteur der Zeitung ist allerdings ein bisschen mehr als nur mein Chef: Er ist auch der Vater meines ersten Kindes. Ich bin 19, unverheiratet und schwanger – und damit eine Schande für die ganze Familie. Mir bleibt also nichts anderes übrig, als Vimmerby zu verlassen und nach Stockholm zu gehen.

Im Winter 1926 wird mein kleiner Sohn Lars geboren, der die ersten Jahre nicht bei mir leben kann, weil ich Geld verdienen muss. Diese Jahre sind für mich furchtbar, ich bin arm und einsam. Meine Ausbildung und spätere Arbeit als Sekretärin ermöglichen es mir aber, den kleinen Lars ein paar Jahre später wieder zu

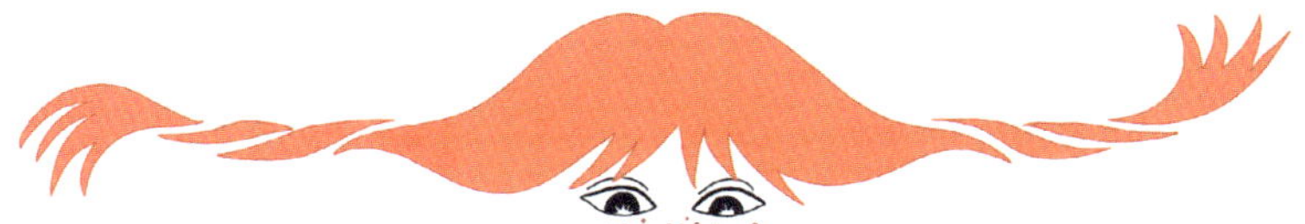

mir zu holen. Mit 24 Jahren heirate ich den Manager eines Automobilclubs. Drei Jahre später kommt unsere Tochter Karin zur Welt. Immer wieder veröffentliche ich Märchen und Kurzgeschichten in Zeitungen.

Ich bin 33 Jahre alt und habe meinen Durchbruch als Schriftstellerin einem Zufall zu verdanken. Karin liegt krank im Bett und verlangt: „Erzähl mir was von Pippi Langstrumpf", also erfinde ich. Kinder lieben meine Bücher, aber die Erwachsenen sind schockiert. „Pippi ist viel zu rebellisch. Unsere Kinder werden uns nicht mehr gehorchen." Dabei zeigt Pippi, wie wichtig es ist, stark zu sein und selbstständig zu denken, aber immer auch auf andere Rücksicht zu nehmen.

Meinen Erfolg als Schriftstellerin nutze ich, um mich für Menschen- und Tierrechte einzusetzen. 1978 bekomme ich dafür den Friedenspreis des Deutschen Buchhandels und 1994 den Ehrenpreis des „Right Livelihood Awards", eine Art alternativer Nobelpreis.

„EINE KINDHEIT OHNE BÜCHER WÄRE KEINE KINDHEIT."

Im Alter werden meine Augen und mein Gehör immer schlechter, aber ich komme gar nicht auf die Idee, mit dem Schreiben aufzuhören: Ich mache weiter mit Hilfe von Hörgerät, Brille, Vergrößerungsglas und meiner Sekretärin. Am 28. Jänner 2002, mit 94 Jahren, sterbe ich dann doch in meiner Stockholmer Wohnung, aber mein Lebensziel habe ich erreicht: „Wenn ich auch nur eine einzige düstere Kindheit erhellen konnte, bin ich zufrieden."

Ich war eine der meistgelesenen und geliebten Kinderbuchautorinnen der Welt.

ERFINDE EIN ABENTEUER!

Schließ deine Augen und stell dir eine Heldin oder einen Helden vor (es kann natürlich auch ein geschlechtsloses Wesen oder ein Tier sein). Bist es du selbst? Oder jemand dir ähnlicher? Was könnte die Figur für Abenteuer erleben? Wo beginnt die Geschichte? Gibt es noch andere Figuren oder Charaktere? Wo befinden sie sich? Unter Wasser? Im Weltall oder einfach in deinem Zuhause? Und vergiss nicht: In erfundenen Geschichten ist alles erlaubt!

Vielleicht reicht der Platz hier oder du schnappst dir ein Notizbuch, ein paar Blätter Papier. Schreibe alles auf und lies es dann deinen Eltern, guten Freund*innen oder einfach dir selbst laut vor (auch dabei kann man richtig viel Spaß haben).

GITANJALI RAO

GEBOREN AM 19. NOVEMBER 2005

ch heiße Gitanjali Rao und werde am 19. November 2005 in Lone Tree, USA, geboren. Meine Eltern kommen ursprünglich aus Indien. Mein Vater Ram und meine Mutter Bharathi sind beide Akademiker*innen und denken viel über komplizierte Probleme nach. Auch mit meinem Bruder Anirudh und mir besprechen sie, welche Themen sie gerade beschäftigen: Krankheiten, Obdachlosigkeit, Nahrungsmittelverseuchung und so weiter. Wir veranstalten dann einen Wettbewerb, in dem wir alle gegeneinander antreten, und wer von uns die beste Lösung am besten präsentieren kann, gewinnt.

Probleme lösen zu wollen, ist also eine Art Angewohnheit von uns. Mein Bruder interessiert sich sehr für Kunst und Kultur. Er geht Probleme aus dieser Richtung an, während ich aus dem Bereich Mensch und Technik komme. Eine meiner liebsten Aufgaben war bisher, ein Restaurant zu entwerfen, das mit den neuesten technischen Erfindungen arbeitet. Die Vorstellung, dass wir dort wirklich Essen gehen könnten, finde ich großartig.

„BEOBACHTE, BRAINSTORME, FORSCHE, BAUE UND KOMMUNIZIERE."

Ich habe viele Interessen und großen Spaß daran, neue Dinge zu lernen. Meine Eltern und Lehrer*innen unterstützen mich bei allem, was ich ausprobieren möchte. Am liebsten mag ich Fächer wie Mathematik, Informatik, Naturwissenschaft und Technik (sogenannte „MINT"-Fächer). Mit sieben Jahren werde ich Teil des „Davidson Young Scholars"-Programms, das Hochbegabte bei ihrem Studium unterstützt.

Die Schule, die ich besuche, hat einen Schwerpunkt auf MINT-Fächer und ich kann mich jeden Tag mit vielen spannenden Themen beschäftigen: Forensik, Wasserverschmutzung, Brückenbau, Programmieren, 3D-Drucken und so weiter. Eine meiner großen Vorbilder ist Marie Curie. Ich lese alles, was ich über sie in die Finger bekomme. Mein erstes eigenes Buch veröffentliche ich mit zehn Jahren. Ich beschreibe darin die Welt aus der Sicht meines jüngeren Bruders.

Als ich elf Jahre alt bin, höre ich zum ersten Mal von der Wasserversorgungskrise in Flint: Wegen Sparmaßnahmen im US-Bundesstaat Michigan wurde das Trinkwasser mit Blei und anderen Giftstoffen verunreinigt. Über 100.000 Menschen wurden dadurch vergiftet. Um diesen Menschen zu helfen, erfinde ich mit zwölf Jahren „Tethys", benannt nach der griechischen Wassergöttin. Es ist ein kleines Kästchen, das per Bluetooth den Bleigehalt von Trinkwasser an eine App übermittelt. Weil meine Mutter über meine Bleiexperimente in unserem Hinterhof gar nicht glücklich ist, darf ich meine Erfindung im Labor einer Wasserfabrik weiterentwickeln. Für mein Trinkwasser-Testgerät werde ich mit dem „America's Top Young Scientist"-Preis und dem „Presidential Environmental Youth Award" ausgezeichnet. Außerdem komme ich auf die Liste der besten „30 unter 30" in der Kategorie Wissenschaft des bekannten Forbes-Magazins.

SIE PRÄSENTIERTE IHRE IDEEN UND LÖSUNGEN BEI INSGESAMT VIER DER WELTWEIT STATTFINDENDEN UND BEKANNTEN TEDX- UND TED-TALKS.

Ich bin 13 Jahre alt und forsche in der Abteilung für Zellbiologie an der Universität in Colorado, um eine Lösung für Opioid-Abhängigkeit zu finden. Opioide sind Substanzen, die eine schmerzlindernde, dämpfende Wirkung haben und wie viele andere Medikamente auch häufig als Rauschmittel missbraucht werden. Ich entwickle das Gerät „Epione", das Menschen dabei helfen soll, schon früh zu erkennen, ob sie zu einer Abhängigkeit von ebensolchen Substanzen neigen.

Mit 14 erarbeite ich gemeinsam mit Microsoft die App und Google-Chrome-Erweiterung „Kindly". Basierend auf der Spracherkennung einer künstlichen Intelligenz, soll sie Cyberbullying erkennen und Hilfestellung leisten.

Seit fast 100 Jahren wählt das Time-Magazin eine Person des Jahres, die die Welt besonders beeinflusst hat, seit 1927 waren das vor allem Männer. 2020 führen sie

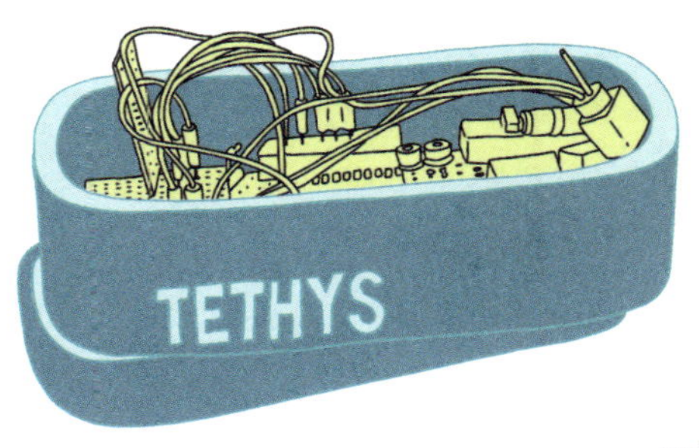

die neue Kategorie „Kind des Jahres" ein. Aus den 5.000 nominierten Mädchen und Jungen aus den USA wird mir dieser Titel verliehen.

In Workshops arbeite ich mit insgesamt 30.000 Schüler*innen daran, Ideen zu entwickeln, Dinge zu erfinden und Produkte herauszubringen. Mit meinem zweiten Buch hoffe ich, auch andere dazu inspirieren zu können, Ideen zur Lösung der Probleme in der Welt zu entwickeln.

Am liebsten lese ich die „MIT Technology Review", ein Wissenschaftsmagazin des Massachusetts Institute of Technology (MIT). Mein großer Wunsch ist es nämlich, dort später einmal studieren zu können. Ich habe aber auch Freude an ganz einfachen Dingen: Zum Beispiel backe ich sehr gerne. Das ist nämlich auch eine Wissenschaft für sich. Kürzlich ist mir ein köstliches Brot gelungen, darauf war ich sehr stolz.

Ich bin zwar noch recht jung, aber schon jetzt eine auf der ganzen Welt bekannte Nachwuchsforscherin und Erfinderin.

„ES GIBT SO VIELE PROBLEME, DIE UNSERE GENERATION NICHT GESCHAFFEN HABEN, DIE WIR JETZT ABER LÖSEN MÜSSEN."

SCHNEID' DIR EINE SCHEIBE AB!

Hast du schon einmal probiert, selbst ein Brot zu backen? Wie isst du dein Brot am liebsten? Mit Körnern oder ohne? Mit Fenchelsamen oder vielleicht sogar kleingeriebenen Karotten?

Mit diesem einfachen Grundrezept und einer großen Portion Entdeckergeist kannst du dieses Brot immer weiter verändern, bis es dir selber – oder allen – am besten schmeckt.

Notiere dir hier alle Verbesserungswünsche und -vorschläge des Grundrezepts.

REZEPT

Was du brauchst:
250 g Weizenmehl
250 g Roggen-Vollkornmehl
0,5 Päckchen Trockenhefe
0,5 Päckchen Sauerteig-Extrakt (Pulver)
0,5 EL Salz
375 ml lauwarmes Wasser
75 g Sonnenblumen- und Kürbiskerne
etwas Mehl zum Kneten des Teiges

Zubereitungszeit: 30 Minuten / Ruhezeit: 180 Minuten / Backzeit: 45 Minuten

So wird's gemacht:
Mische die beiden Mehlsorten, Hefe, Sauerteig-Pulver und das Salz in einer großen Schüssel.

Gieße nach und nach das Wasser dazu. Zunächst kannst du mit einem Kochlöffel rühren, sobald es etwas klebriger wird, bestäube deine Hände mit etwas Mehl und knete das Ganze kurz, aber kräftig durch. Der Teig sollte nun weich und klebrig sein.

Decke den Teig mit einem Tuch ab und stelle ihn zum Gehen für rund zwei Stunden an einen warmen Ort. Das Volumen verdoppelt sich in dieser Zeit.

Knete nun die Sonnenblumen- und Kürbiskerne in den Teig. Forme einen Laib, lege ihn auf ein mit Backpapier ausgelegtes Backblech und bestäube ihn mit etwas Mehl.

Decke den Brot-Laib erneut mit Tüchern ab und lasse ihn wiederum eine gute Stunde gehen. Back das Brot schließlich im vorgeheizten Backofen etwa 45 Minuten bei 180 Grad.

Ein erster Entdecker*innen-Tipp: Statt auf einem Backblech kannst du das Brot auch in einer flachen, ovalen oder runden Auflaufform backen – dann wird das Brot etwas höher. Lege die Form dazu aber mit Backpapier aus.

MARIE CURIE

7. NOVEMBER 1867 – 4. JULI 1934

ch werde am 7. November 1867 als Maria Skłodowska in Warschau, der Hauptstadt Polens, als jüngstes von fünf Kindern geboren. Mein Vater ist Lehrer für Mathematik und Physik, meine Mutter leitet eine Mädchenschule. Man kann sich also vorstellen: Bildung wird im Hause Słodowska hochgehalten.

Mit vier Jahren kann ich schon schreiben und lesen. Ich verschlinge alles, was ich im Bücherschrank meines Vaters finde: Gedichtbände, Abenteuerromane und Physik-Lehrbücher. Diese Bücher, die mir mit ihren Formeln die Welt erklären, faszinieren mich besonders.

Im Alter von sechs Jahren komme ich endlich in die Schule, die meine Mutter geleitet hatte. Ich sage „hatte", weil sie an Tuberkulose (bakterielle Infektionskrankheit, die meist die Lunge befällt) erkrankt ist und nicht mehr arbeiten kann. Ich bin acht Jahre, als wir meine ältere Schwester Zosia beerdigen müssen, und zehn, als meine Mutter stirbt. Meine große Trauer lässt mich scheu und zurückhaltend werden. Umso leidenschaftlicher stürze ich mich in das Lernen und mein größtes Interesse: die Naturwissenschaft.

So bestehe ich mit 15 natürlich auch meine Abschlussprüfungen als Klassenbeste. Ich würde alles dafür geben, studieren zu können. Aber Frauen sind im Jahr 1882 in Polen und den meisten anderen Ländern noch nicht an Universitäten zugelassen. Also arbeite ich ein paar Jahre als Hauslehrerin und spezialisiere mich auf die Fächer Physik und Mathematik.

„DER WISSENSCHAFTLER STEHT VOR DEN GEHEIMNISSEN DER NATUR MIT DER GLEICHEN ANDACHT WIE EIN KIND VOR EINEM SCHÖNEN MÄRCHEN."

Ich bin 23 und gemeinsam mit meinem Vater darf ich im Laboratorium des Warschauer Industrie- und Landwirtschaftsmuseums erste eigene chemische und physikalische Experimente durchführen. Wissenschaftlerin zu sein ist langwierig und anstrengend, und trotzdem ist es die schönste Aufgabe auf diesem Planeten.

Ein Jahr später reise ich allein nach Frankreich, um mich endlich für ein Physikstudium an der Sorbonne-Universität in Paris einzuschreiben. Man stelle sich vor, von über 1.800 Studierenden sind nur 23 weiblich! Das Studieren in der fremden Sprache fällt mir am Anfang schwer und Geld habe ich auch keines. Aber ich bin fleißig und diszipliniert und schon bald wird mir ein Stipendium zugesprochen.

ALS ERSTER MENSCH DER GESCHICHTE GEWANN SIE ZWEI NOBELPREISE.

Meine Leistungen fallen in Wissenschaftskreisen auf und ich werde gebeten, eine Studie über Magnetismus durchzuführen. Bei meiner Arbeit lerne ich Pierre Curie kennen. Er ist auch Physiker und meine Intelligenz und Leidenschaft beeindrucken ihn genauso wie mich seine. Gemeinsam ziehen wir in ein Labor und ein Jahr später sind wir verheiratet. Ich bin 30 Jahre alt, als meine Tochter Irène zur Welt kommt. Gleichzeitig veröffentliche ich die Forschungsergebnisse meiner Studie, mit der ich beauftragt wurde. Sieben Jahre später wird Eve geboren.

Auf der Suche nach einem Thema für meine Doktorarbeit fällt mir ein Aufsatz des französischen Forschers Henri Becquerel in die Hände. Er hat das Schwermetall Uran untersucht und bemerkt, dass es Strahlen aussendet. Was Becquerel nicht beantwortet: Woher stammen die Strahlen und wie entstehen sie? Gemeinsam mit Pierre untersuche ich Metalle, Salze und Mineralien und wir stellen dabei eine Art Aktivität fest. Beruhend auf den Erkenntnissen Becquerels untersuche ich das chemische Element Uran weiter.

In meinen Forschungsergebnissen verwende ich zum ersten Mal den Begriff „radioaktiv“, der die Verwandlung eines Elements, zum Beispiel Uran, beschreibt. Wie man heute weiß, sind radioaktive Strahlen höchst gefährlich und können bei Lebewesen schwere Krankheiten auslösen. Pierre und ich sind uns aber sicher, dass sie auch bei der Heilung von Krankheiten helfen könnten.

Als erste Frau werde ich eingeladen, um an der Sorbonne-Universität zu lehren und werde mit mehreren anerkannten Preisen für Physik ausgezeichnet. Ich bin 36, als mir die höchste Auszeichnung, der Nobelpreis für Physik, verliehen wird.

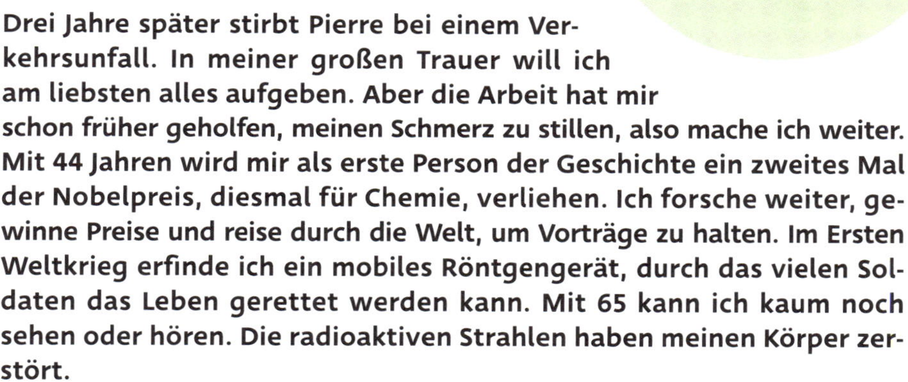

Drei Jahre später stirbt Pierre bei einem Verkehrsunfall. In meiner großen Trauer will ich am liebsten alles aufgeben. Aber die Arbeit hat mir schon früher geholfen, meinen Schmerz zu stillen, also mache ich weiter. Mit 44 Jahren wird mir als erste Person der Geschichte ein zweites Mal der Nobelpreis, diesmal für Chemie, verliehen. Ich forsche weiter, gewinne Preise und reise durch die Welt, um Vorträge zu halten. Im Ersten Weltkrieg erfinde ich ein mobiles Röntgengerät, durch das vielen Soldaten das Leben gerettet werden kann. Mit 65 kann ich kaum noch sehen oder hören. Die radioaktiven Strahlen haben meinen Körper zerstört.

Zwei Jahre später sterbe ich am 4. Juli 1934 an den Nachwirkungen einer schweren Krankheit, die man heute auf den häufigen Umgang mit den radioaktiven Elementen zurückführen kann.

Ich habe durch die Entdeckung der Radioaktivität die Geschichte der Physik und Chemie entscheidend beeinflusst.

„MAN BRAUCHT IM LEBEN NICHTS ZU FÜRCHTEN, MAN MUSS ES NUR VERSTEHEN. JETZT IST ES AN DER ZEIT, MEHR ZU VERSTEHEN, DAMIT WIR WENIGER FÜRCHTEN."

SCHAU INS INNERE DER DINGE!

Wissenschaft ist eine bestimmte Art, wie man mit Wissen umgeht. Um das Wissen zu vergrößern, wird geforscht. Das heißt, über das neue Wissen muss nachgedacht werden, bevor es schließlich weiterverbreitet wird. Das hat auch Marie Curie getan. Vor allem ihre mobilen Röntgengeräte haben der Menschheit einen großen Dienst erwiesen. Röntgenstrahlen sind spezielle elektromagnetische Strahlen, die Licht ähnlich sind, aber viel mehr Energie haben und einen durch Menschen oder Gegenstände durchsehen lassen. In der Medizin kann man so zum Beispiel einen Krebs-Tumor erkennen, weil er härter und damit heller als seine Umgebung ist.

Einen kleinen Röntgenapparat kannst du dir ganz einfach selber bauen. Alles, was du dazu brauchst, ist eine Taschenlampe, eine Schere, einen Schuhkarton mit Deckel und ein rohes Ei. Denn um zu sehen, was im Ei drinnen ist, musst du es nicht aufschlagen. Nimm den Deckel des Kartons und schneide oben ein ovales Loch hinein, das etwas kleiner als das Ei ist. Schalte nun die Taschenlampe an und lege oder stelle sie so in den Karton, dass ihr Lichtstrahl direkt auf die Öffnung fällt. Mache den Raum um dich herum dunkel, lege das Ei auf die Öffnung. Kannst du den Eidotter erkennen? Mit etwas Glück entdeckst du so vielleicht auch einmal ein Doppel-Dotter-Zwillings-Ei.

EIDOTTER-SKIZZEN:

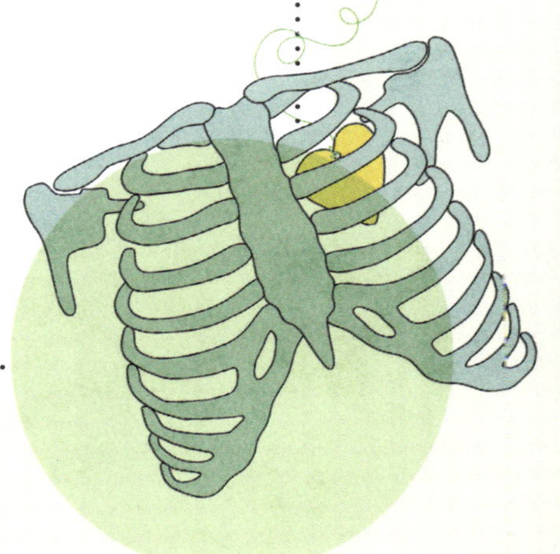

ALICIA GARZA, AYỌ (OPAL) TOMETI UND PATRISSE CULLORS

GEBOREN ZWISCHEN 1981 UND 1984

Ich bin Alicia Garza. Ich heiße Ayọ (Opal) Tometi, und ich Patrisse Cullors. Gemeinsam sind wir die Gründerinnen von „Black Lives Matter".

„WIR VERDIENEN EINE MULTIKULTURELLE DEMOKRATIE, IN DER ALLE MENSCHEN GLEICHBERECHTIGT SIND." AYỌ (OPAL) TOMETI

Ich, Alicia Garza, werde am 4. Jänner 1981 in Oakland, Kalifornien geboren. Als ich vier Jahre alt bin, lernt meine Mutter meinen zukünftigen Stiefvater kennen und ich nehme seinen jüdischen Nachnamen „Schwartz" an. Ich wachse in einem spannenden Mix aus Herkunft und Religion auf.

Gerade einmal zwölf Jahren alt, fordere ich in meiner ersten aktivistischen Botschaft einen besseren Sexualkundeunterricht an den Schulen. Als ich mit 18 ans College komme, studiere ich Anthropologie und Soziologie. Ich bin an vielen aktivistischen Bewegungen beteiligt und unterstütze die Organisation der ersten „Women of Color"-Konferenz. Mir ist es wichtig, zu helfen und die Menschen darauf aufmerksam zu machen, wenn etwas falsch läuft.

Ich bin 22, als ich meine Seelenverwandte Malachi Garza bei einer Demonstration kennenlerne. Mit 23 habe ich mein Coming-out, vier Jahre später heiraten wir.

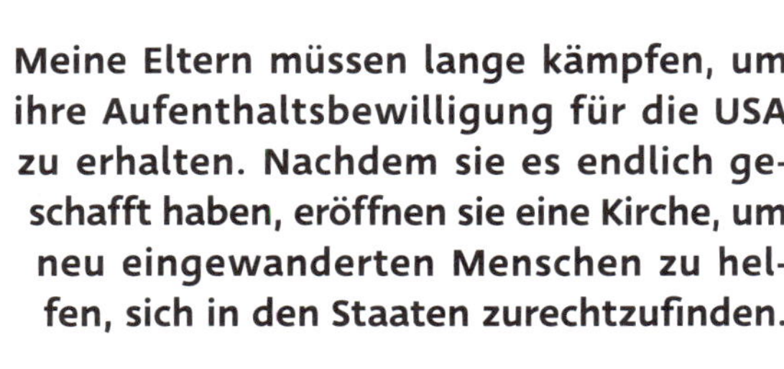

Mein Name ist Ayọ (Opal) Tometi und ich werde am 15. August 1984 geboren. Gemeinsam mit meinen zwei jüngeren Brüdern und meinen Eltern, die ursprünglich aus Nigeria stammen, lebe ich in einem Vorort von Phoenix, im US-Bundesstaat Arizona.

Meine Eltern müssen lange kämpfen, um ihre Aufenthaltsbewilligung für die USA zu erhalten. Nachdem sie es endlich geschafft haben, eröffnen sie eine Kirche, um neu eingewanderten Menschen zu helfen, sich in den Staaten zurechtzufinden.

„WIR KÖNNEN UNS TRAURIG FÜHLEN, VERLETZT ODER DEMORALISIERT. ABER WIR KÖNNEN NICHT AUFGEBEN." PATRISSE CULLORS

Ich bin 17 Jahre alt, als ich das erste Mal nach Nigeria reise. Ich studiere Geschichte und Kommunikation und arbeite nebenbei ehrenamtlich für ein Projekt, das den Umgang mit illegalen Immigrant*innen in den USA dokumentiert.

Im Alter von 21 Jahren schließe ich mein Studium ab und mache vier Jahre später ein Praktikum bei einer Organisation, die Menschenrechtsverletzungen durch Einwanderungsgegner*innen an der Grenze zwischen Arizona und Mexiko dokumentiert. Mit 27 arbeite ich in einem Verein, der die Lebensumstände von Immigrant*innen in den USA verbessern will. Heute lebe ich in Brooklyn, New York, halte Vorträge zum Thema „häusliche Gewalt" und setze mich für die Förderung von Menschen- und Migrant*innenrechten weltweit ein.

Ich werde als Patrisse Marie Cullors Brignac am 20. Juni 1983 in Los Angeles geboren. Ich habe zwei Brüder und eine Schwester. Meine Familie ist sehr arm und ich wachse in einem Teil von Los Angeles auf, in dem vor allem Hispanoamerikaner*innen leben. Als mein Stiefvater meine Mutter verlässt, versucht sie, uns allein großzuziehen.

Ich bin neun Jahre alt, als ich das erste Mal sehe, wie die Polizei meine zwei kleinen Brüder – sie sind elf und 13 Jahre alt – brutal gegen die Wand schlägt. Mit zwölf Jahren werde ich das erste Mal verhaftet, weil mich die Polizei beim Marihuana-Rauchen erwischt. Ich bin 16, als mein Bruder wegen Diebstahls ins Gefängnis kommt. Dort wird er von den Wächtern brutal zusammengeschlagen und dazu gezwungen, Toilettenwasser zu trinken.

Schon früh beginne ich, mich für Aktivismus und verschiedene Hilfsorganisationen zu interessieren. Ich informiere mich über Revolutionen und soziale Bewegungen auf der ganzen Welt. Meine Familie ist geschockt, als sie erfährt, dass ich queer bin, und ich muss von zu Hause ausziehen. Ich bin 18 und studiere Religion und Philosophie. Ich setze mich für die Abschaffung der Gefängnisse in Los Angeles und LGBTIQ*-Rechte ein. Besonders wichtig ist mir gewaltfreier Aktivismus.

2013 wird George Zimmerman freigesprochen, der für den Tod des afroamerikanischen Teenagers Trayvon Martin verantwortlich ist. Als Reaktion auf diese Ungerechtigkeit gründen wir die transnationale Bewegung „Black Lives Matter", die sich als Hashtag #BlackLivesMatter verbreitet. Wir setzen uns gegen Gewalt an People of Color ein und organisieren regelmäßig Proteste, um auf Probleme wie „Racial Profiling" (diskriminierende Personenkontrollen), Polizeigewalt und Rassismus aufmerksam zu machen. Die Bewegung erlangt nationale Bekanntheit durch die Demonstrationen, die auf die Todesfälle zweier Afroamerikaner 2014 folgen: Michael Brown und Eric Garner.

„DASS WIR HOFFNUNG HABEN, BEDEUTET NICHT, DASS WIR NICHT VERZWEIFELT SIND. ABER ES IST UNSER ANTRIEB, UNSERE ZIELE ZU VERFOLGEN. SO LANGE, BIS WIR SIE ERREICHEN."
ALICIA GARZA

In der Schwarzen Befreiung sehen wir eine Befreiung für alle. Wichtig ist, dass Bewegungen nicht nur in den sozialen Medien stattfinden. Natürlich ist es toll, eine Million Follower auf Twitter zu haben, aber wirkliche Kraft hat „Black Lives Matter" erst bekommen, als sich Menschen im Alltag und auf den Straßen organisiert haben.

2017 werden wir mit dem „Sydney Peace Prize" ausgezeichnet. 2020 setzt uns das Time-Magazin auf die Liste der 100 einflussreichsten Menschen des Jahres.

Wir haben zusammen eine Bewegung geschaffen, die bis heute das Leben vieler Menschen besser gemacht hat.

GESCHICHTE ENTSTEHT AUS GESCHICHTEN!

Um Geschichte verstehen zu können, sollte man die Vergangenheit aus verschiedenen Blickwinkeln betrachten. Was und wie viel weißt du zum Beispiel über die Schwarze Geschichte?

Recherchiere mit deinen Eltern im Internet die Begriffe: „Black History Month“, „Schwarze Geschichte“, „Black Lives Matter“, „Afroamerikaner*innen“, „I Have a Dream“, „Anti-Rassismus“, „Gleichberechtigung“, „Diversität“ etc. Was ist der Ursprung des „Black History Month“? Warum gibt es ihn und wer sind die wichtigsten Personen in diesem Zusammenhang?

Notiere dir hier, in einem Notizbuch oder auf einem Blatt Papier, was dich besonders interessiert, fasziniert und du nicht vergessen möchtest.

#BLM

FACTS & FIGURES:

EMILIA ROIG

GEBOREN 1983

Ich heiße Emilia Zenzile Roig und werde 1983 in Dourdan, in der Nähe von Paris, der Hauptstadt Frankreichs, geboren. Meine Mutter stammt von der karibischen Insel Martinique und arbeitet als Krankenschwester, mein Vater ist ein jüdisch-algerisch-stämmiger Arzt. Die Herkunft meiner Eltern und der Haushalt, in dem ich aufwachse, prägen meinen leidenschaftlichen Einsatz für soziale Gerechtigkeit.

Mit 34 Jahren gründe ich in Berlin das „Center for Intersectional Justice", eine gemeinnützige Organisation, die sich für Gerechtigkeit, Gleichberechtigung und ein Leben frei von systemischer Unterdrückung für alle einsetzt. Außerdem halte ich Vorträge und lehre an verschiedenen Universitäten in Deutschland, Frankreich und den USA. Ich habe einen Doktortitel in Politikwissenschaften und vor meinem Studienabschluss in internationalem Recht arbeite ich unter anderem bei Amnesty International in Deutschland und den Vereinten Nationen in Tansania und Uganda, in Afrika.

Mein Wunsch ist es, Menschen zu inspirieren, sich aus Systemen zu befreien, in denen sie unterdrückt werden. Ich bin 38, als ich mein Buch mit dem Titel „Why We Matter. Das Ende der Unterdrückung" veröffentliche, das schnell ein Bestseller wird. Mit 39 Jahren werde ich zur einflussreichsten Frau des Jahres im Zusammenhang mit dem „Impact of Diversity Award" gewählt.

Wenn ich gefragt werde, welche Eigenschaften ich an Frauen besonders spannend finde, dann muss ich erwidern, dass es keine weiblichen Eigenschaften gibt. Seit vielen hundert Jahren leben wir in einer Gesellschaft, die vorwiegend von Männern geprägt und kontrolliert wird. Dadurch bekommen Frauen bestimmte Eigenschaften zugewiesen, die sie von Natur aus nicht haben. Sie lernen einfach, meist schon von Geburt an, sich auf eine gewisse Weise zu verhalten, weil es die Gesellschaft von ihnen erwartet.

Sie sollen zum Beispiel empathisch sein, das heißt, sich in andere hineinversetzen können. Auch wenn ich es nicht gut finde, dass von allen Frauen erwartet wird, sich so zu verhalten, finde ich empathisch zu sein generell eine sehr schöne Eigenschaft. Auch von Jungs und Männern sollten wir es erwarten. Frauen sollen außerdem auch schon früh lernen, sich um andere zu kümmern, großzügig zu sein, sich für die Gemeinschaft einzusetzen und gut zuzuhören, sich dabei aber nie zu sehr in den Mittelpunkt zu stellen. Auch von Männern werden bestimmte Eigenschaften erwartet, meist sind sie genau das Gegenteil. Ich denke, dass sich das ändern kann und muss, aber es geht nur sehr langsam voran, weil es ein unbewusstes Verhalten ist. Es heißt also bei Mädchen oft: „Oh, sie ist aber schön, elegant, …“, über Jungs dagegen wird gesagt: „Er ist aber geschickt, schaut intelligent, …“

Mein größtes Vorbild ist meine Mutter. Ganz allgemein finde ich Frauen, die sich nicht anpassen, die gegen den Strom schwimmen, inspirierend und beeindruckend. Vor allem zu Frauen, die unabhängig von Männern gelebt und sich verwirklicht haben, fühle ich mich hingezogen. Diese Frauen sind für mich frei.

LOZEN

1840 – 1887

ch bin Lozen. Geboren werde ich wahrscheinlich im Jahr 1840 als Stammesmitglied der Chihenne-Apachen. Ich habe einen älteren Bruder, den Kriegsschamanen Victorio (er selbst nennt sich Bidu-ya oder Beduiat). Wir Chihenne werden auch das „Volk der roten Farbe" genannt und leben, unabhängig von anderen Apachen-Gruppen, entlang der Chiricahua-Bergkette im südöstlichen Arizona. Womöglich komme ich in Sichtweite des „Heiligen Berges" bei Ojo Caliente, den „Heißen Quellen", in New Mexico zur Welt.

Schon als junges Mädchen weigere ich mich, Aufgaben zu übernehmen, die typischerweise von den Frauen des Stammes verrichtet werden. Am liebsten spiele ich gemeinsam mit den Jungs und raufe mit ihnen. Ich bin sieben Jahre alt, als mein Bruder Victorio mir das Reiten beibringt. Bald gehöre ich zu den besten Reiter*innen im Stamm. Wenn die männlichen Krieger auf Raubzug gehen und das Lager von Feinden attackiert wird, sollen Mädchen und Frauen den Stamm vor den Angreifern schützen. Also lerne ich schon früh, mit Pfeil und Bogen, Messer und Gewehr umzugehen.

IHR BRUDER SAGT ÜBER SIE: „LOZEN IST MEINE RECHTE HAND, STARK WIE EIN MANN, TAPFERER ALS DIE MEISTEN, LISTIG IN DER STRATEGIE UND EIN SCHILD FÜR IHR VOLK."

Viele indianische Krieger wollen mich zur Frau nehmen. Sie schicken Boten zu meinem Bruder, die darum bitten, mich mitnehmen und verheiraten zu dürfen. Ich bin 16 Jahre alt, als ein Fremder in unser Dorf kommt. Er ist auf der Suche nach einem geeigneten Land für seine Leute. Als ich ihn sehe, verliebe ich mich unsterblich in ihn, aber er verlässt uns schon bald wieder, ohne mich eines Blickes zu würdigen. Ich lege einen Schwur ab, niemals zu heiraten. Bis zu meinem Tod breche ich ihn nicht.

Beim Umgang mit Pferden, im Wettlauf, beim Lassowerfen und Pferdestehlen bin ich vielen Kriegern des Stammes überlegen. Sehr passend, denn mein Name bedeutet auch so viel wie „geschickte Pferdediebin". Wenn wir auf Beutezug gehen, dann folgen mir die Tiere, wenn ich mit ihnen spreche. Ich trage Männerkleidung und sorge mich nicht wie die anderen jungen Frauen um mein Aussehen. Ich erlerne das Handwerk der

Schaman*innen und Mediziner*innen und leiste meinem Stamm auf diese Weise wertvolle Dienste. Auch als Kriegerin bin ich nicht zu verachten und kann den Ausgang unserer Schlachten prophezeien.

Eine meiner besonderen Gaben ist es außerdem, den Standort von Feinden vorherzusagen. Dafür stelle ich mich kurz vor einem Kampf auf einen Hügel, breite die Arme aus, singe um den Beistand des Gottes „Usen" und drehe mich im Kreis, bis meine Hände zittern. Danach weiß ich, wo sich der Feind aufhält. Von den Chihenne-Apachen werde ich als heilige Frau verehrt und in den Rat der Krieger aufgenommen. Viele nehmen an meinen Tänzen, Gesängen und Gebeten teil.

„ICH WILL KEIN FRAUENHANDWERK LERNEN UND ICH MÖCHTE NICHT HEIRATEN. ICH WILL EINE KRIEGERIN WERDEN."

Ich bin um die 30, da wird unser Stamm von der US-Armee gezwungen, in ein Reservat zu ziehen, das direkt in der Wüste liegt. Es gibt dort kein Wasser und keine Nahrung. Also schmieden mein Bruder und ich einen Plan. Auf Pferden, die ich zuvor gestohlen habe, führe ich die verängstigten und halbverhungerten Frauen und Kinder der Chihenne-Apachen aus dem Reservat. Wir reiten durch das tosende Wasser des Grenzflusses Rio Grande davon, verfolgt von den amerikanischen Kavalleriesoldaten. Ich vorweg, auf einem Pferd, das Gewehr hoch über meinen Kopf erhoben, feuere ich die Flüchtenden an. Mein Bruder kämpft währenddessen, gemeinsam mit unterschiedlichen Apache-Stämmen, die sich gegen die US-Armee zusammengeschlossen haben, in New Mexico und Texas.

Ungefähr zehn Jahre später werden mein Bruder und viele andere Chihenne-Apachen unter seiner Führung von mexikanischen Soldaten überfallen und getötet. Als ich davon erfahre, reite ich sofort los, um meinen überlebenden Stammesangehörigen zu helfen. Gemeinsam mit einer Handvoll Kriegern ziehen wir in einen zweimonatigen blutigen Rachefeldzug im südwestlichen Mexiko. Ein paar Jahre später schaffen wir den endgültigen Ausbruch aus dem Reservat.

Aber unsere Zeit in Freiheit währt nur kurz. Gemeinsam mit vielen anderen Chihenne-Apachen werde ich als Kriegsgefangene zuerst nach „Fort Pickens" und dann in die „Mount Vernon Barracks" in Alabama gebracht. Das ungewohnte Klima, die schlechte Behandlung und Ernährung machen viele von uns krank. Auch ich bekomme Tuberkulose und sterbe wahrscheinlich 1887, mit 47 Jahren, in den Baracken. Man beerdigt mich in einem nicht gekennzeichneten Grab und sehr viel später werde ich als „Apache Johanna von Orléans" bekannt.

„IN DIESER WELT HAT DAS, WAS MAN NICHT SIEHT, GROSSE MACHT."

Ich ging als berühmte Pferdediebin, Kriegerin, Prophetin und Medizinfrau in die Geschichte ein.

WAS SAGT DIR DEIN „SECHSTER SINN“?

Hast du schon einmal das Gefühl gehabt, etwas vorhersehen zu können? Dass du Dinge sehen oder hören kannst, die sich zur selben Zeit an einem anderen Ort abspielen, oder ein Ereignis, das in der Zukunft liegt? Vielleicht kennst du auch das Gefühl, wenn dir plötzlich ein Mensch einfällt, an den du schon länger nicht gedacht hast und wenig später ruft er dich an oder textet dir?

Schreibe hier auf, was du alles in diese Richtung erlebt hast. Vielleicht möchtest du auch deine Eltern, Geschwister oder Freund*innen fragen, ob sie so etwas schon einmal erfahren haben.

MUTTER TERESA

26. AUGUST 1910 – 5. SEPTEMBER 1997

„WIR KÖNNEN KEINE GROSSEN DINGE VOLLBRINGEN – NUR KLEINE, ABER DIE MIT GROSSER LIEBE."

Geboren werde ich am 26. August 1910 als Anjezë Gonxhe Bojaxhiu in Skopje, der heutigen Hauptstadt von Nordmazedonien. Später werde ich als Mutter Teresa oder Heilige Teresa von Kalkutta bekannt sein. Meine Eltern, die ursprünglich aus Albanien stammen, sind wohlhabend und sehr gläubig. Deshalb schicken sie mich auf eine katholische Mädchenschule.

Ich bin acht Jahre alt, als mein Vater völlig überraschend stirbt. In meiner großen Trauer wende ich mich an Gott und habe nur einen Wunsch: später einmal Nonne zu werden. Mit 18 Jahren trete ich dem irischen Orden der „Loretoschwestern" bei. Das sind Schulschwestern, die sich an katholischen Schulen um die Ausbildung und Erziehung von Jugendlichen kümmern. Ich bin Novizin, also Lehrerin, und zunächst in der Nähe von Dublin, der Hauptstadt Irlands, stationiert. Aber schon kurze Zeit später werde ich vom Orden nach Kalkutta, der ehemaligen Hauptstadt Britisch-Indiens, geschickt.

Mit gerade einmal 19 Jahren arbeite ich als Lehrerin in Colombo, Madras und Kalkutta. Das Elend auf den Straßen macht mich sehr traurig und ich möchte nicht nur lehren, sondern auch helfen. Jeden Sonntag besuche ich in meiner Freizeit die Menschen in den Slums, den Stadtvierteln, in denen sehr viele, meist arbeitslose Menschen in großer Armut leben. Als Ordensschwester verdiene ich nichts, was ich hergeben könnte, aber mein Besuch selbst und die Hilfe, die ich anbiete, scheint die Menschen glücklich zu machen.

Im Alter von 27 Jahren lege ich mein Ewiges Gelübde ab. Das heißt, ich verspreche feierlich, ein Leben lang Nonne zu sein. Ich nenne mich ab sofort Teresa, nach der Heiligen Thérèse von Lisieux. Fast zehn Jahre später, ich bin 36, notiere ich ein besonderes Erlebnis in mein Tagebuch: Ich bin auf dem Weg nach Darjeeling und fahre im Zug, als ich meine neue Berufung empfange. Jesus bittet

mich: „Komm, sei mein Licht und gehe zu den Armen, Kranken und Sterbenden."

Nachdem mir der Papst die Erlaubnis erteilt hat, meine Lehrstelle als Novizin verlassen zu dürfen, mache ich ein dreimonatiges Praktikum in einem Krankenhaus. Ich helfe den Armen und Kranken aber nicht nur, sondern lebe auch mit und unter ihnen. Immer mehr Nonnen schließen sich mir an und gemeinsam errichten wir Schulen in den Slums.

Ich bin 40, als ich den Orden „Missionarinnen der Nächstenliebe" gründe. Eine Gemeinschaft, die noch heute Sterbende, Waisenkinder, Obdachlose und Kranke versorgt und betreut. Ein dreistöckiges Haus in Kalkutta wird zu unserer Zentrale, weitere Waisenhäuser, eine Lepra-Kolonie, eine Tuberkuloseklinik und ein Heim für ledige Mütter werden eröffnet. Obwohl ich gläubige Christin bin, möchte ich auch alle anderen Religionen achten. Wenn jemand hinduistischen oder muslimischen Glaubens ist, führe ich deshalb die Sterberituale der jeweiligen Religion durch. Für mich ist jeder einzelne Mensch wichtig.

IHR ALBANISCHER NAME GONXHE BEDEUTET „BLÜTENKNOSPE".

Ein Journalist, der einen Artikel über meine Arbeit schreibt, gibt mir mit 59 Jahren den Namen „Mutter Teresa". Unter diesem Namen werde ich weltweit bekannt und alle Mächtigen der Welt fühlen sich durch meinen Besuch geehrt. Das nutze ich, um sie zu motivieren, für die Hilfseinrichtungen und -projekte, die mir am Herzen liegen, Geld zu spenden.

Ich werde mit Lob, Anerkennung und Preisen überschüttet. Mit 61 Jahren erhalte ich den Friedenspreis des Papstes und acht Jahre später, 1979, sogar den Friedensnobelpreis. Es ist mir wichtig, den Preis stellvertretend für alle Nackten, Hungrigen, Verkrüppelten, Blinden und Armen sowie

für alle Menschen, die ausgestoßen sind, entgegenzunehmen. Das Geld für das anschließend geplante Festessen lasse ich mir auszahlen und organisiere damit ein Weihnachtsfest für über 2.000 arme Inder*innen.

Am 5. September 1997 sterbe ich im Alter von 87 Jahren in meiner gewählten Heimat Kalkutta. Sechs Jahre später werde ich von Papst Johannes Paul II selig und 2016, 19 Jahre nach meinem Tod, von Papst Franziskus heiliggesprochen.

Ich habe in meinem Leben vielen kranken und armen Menschen geholfen.

JEDEN TAG EINE GUTE TAT!

Nimm dir für die nächste Woche jeden Tag eine "gute Tat" vor, auch wenn sie noch so klein ist. Du könntest zum Beispiel den Tisch abräumen, obwohl du es nicht musst, einer Klassenkollegin oder einem Klassenkollegen bei etwas helfen. Deine Eltern, deinen Bruder oder deine Schwester fragen, ob sie bei etwas Hilfe benötigen, die Katze besonders sanft streicheln...

Notiere dir hier alle Ideen für deine „guten Taten", damit du sie nicht vergisst. Vielleicht hast du danach sogar Lust, die Liste zu verlängern oder die verschiedenen Dinge darauf alle paar Wochen zu wiederholen.

GUTE TATEN:

JOSEPHINE BAKER

3. JUNI 1906 – 12. APRIL 1975

it vollem Namen heiße ich Freda Josephine McDonald und ich werde am 3. Juni 1906 in St. Louis geboren. Das liegt im Bundesstaat Missouri, im mittleren Westen der USA. Mein Vater ist Schlagzeuger, meine Mutter, Carrie McDonald, Wäscherin. Meine Eltern sind nicht verheiratet und mein Vater verlässt uns bald. Ich habe einen Bruder und zwei Halbgeschwister.

Schon als Kind liebe ich Musik, Theater und tanze gerne und viel. Eines Tages, am Heimweg von der Kirche, trete ich auf einen rostigen Nagel. Mein Fuß schwillt an und meine Mutter bringt mich zu einem Arzt. Der will mir doch glatt das Bein amputieren! Ich brülle ihn an: „Wie soll ich denn mit nur einem Bein tanzen?" Ich schreie und schreie, bis ich ohnmächtig werde. Als ich wieder aufwache, greife ich sofort nach meinem Bein – und da ist es. Zum Glück!

SIE GILT ALS EINE DER ERSTEN SCHWARZEN IKONEN.

Meine Familie ist sehr arm und ich breche mit zwölf Jahren die Schule ab, um als Kellnerin, Dienstmädchen und Tänzerin etwas Geld dazu zu verdienen. Im Jahr darauf zwingt mich meine Mutter, einen sehr viel älteren Mann zu heiraten. Ich lasse mich aber bald wieder scheiden und schließe mich einer Gruppe Straßenkünstler*innen an. Meine Mutter ist strikt dagegen, dass ich Tänzerin werde. Sie sieht, wie sich weiße Darsteller*innen das Gesicht schwarz schminken und sich damit über uns Afroamerikaner*innen lustig machen. Aber mir ist das alles egal. Ich habe mich längst entschieden: Ich brauche das Scheinwerferlicht!

Mit 15 Jahren trete ich einer Tanztruppe bei und heirate ein zweites Mal: den Zugbegleiter Willie Baker. Wenig später wird meine Truppe am Broadway in New York engagiert und ich verlasse St. Louis – und auch Willie, nur sein Name bleibt bei mir. In der Truppe stehle ich allen die Show! Ich rolle mit den

Augen und lasse meine Hüften schwingen, wie man es noch nie gesehen hat. Das Publikum tobt. Sie lieben mich und ich liebe sie.

Ich bin 19 Jahre alt, heiße Josephine Baker und reise nach Paris, um dort im Théâtre des Champs-Elysées in „La Revue Nègre" aufzutreten. Fast nackt und mit meinem Geparden Chiquita tanze ich dort in einem goldenen Bananenrock den neuartigen Charleston-Schritt. Die Pariser*innen sind begeistert und ich werde über Nacht zum Weltstar. Das Schönste daran: Das Publikum liebt mich, gerade weil ich eine andere Hautfarbe habe. Im Gegensatz zu den USA gibt es in Paris keine Rassentrennung und mir stehen alle Türen offen. Ich trete in Filmen und Opern auf und alle Pariser Damen wollen aussehen wie ich. Es gibt sogar Josephine-Baker-Puppen, die sie ihren Kindern kaufen.

Ich fahre in teuren, mit Schlangenleder gepolsterten Sportwägen, flaniere mit meinem Geparden Chiquita und seinem Diamantenhalsband über die Pariser Champs-Elysées und in Berlin lasse ich mich in einer Kutsche von einem Vogelstrauß durch die Stadt ziehen. Aber es ist nicht alles eitel Sonnenschein. Auf meinen Tourneen durch Europa und die USA wird mir immer wieder klar gemacht, dass viele Leute nach wie vor keine Schwarzen in ihren Lokalen wollen, und meine freizügigen Auftritte sorgen für große Aufregung.

„ALLE MENSCHEN KÖNNEN ZUSAMMENLEBEN, WENN SIE ES WOLLEN."

Dann bricht der Zweite Weltkrieg aus und ich werde Teil der französischen Widerstandsbewegung gegen den Nationalsozialismus, der Résistance. Ich horche auf Partys hochrangige Offiziere aus, verstecke Nazi-Gegner*innen auf meinem Anwesen in Frankreich und organisiere ihnen gefälschte Papiere und Ausweise. Auf einer angeblichen Tournee sammle ich in ganz Europa geheime Informationen, die ich mit unsichtbarer Tinte auf meine Notenblätter notiere. Dafür werde ich nach dem Krieg zum Mitglied der Ehrenlegion ernannt – die höchste militärische Auszeichnung Frankreichs.

Ich bin 41 Jahre alt, der Krieg ist vorbei, ich heirate zum dritten Mal und setze mich mit aller Kraft gegen Rassismus und für die Gleichberechtigung von Schwarzen und Weißen ein. Im Jahr 1963 nehme ich am „Marsch auf Washington" teil und noch bevor Martin Luther-King Jr. seine berühmte „I Have a Dream"-Rede hält, spreche ich als einzige Frau zu mehr als 250.000 Teilnehmer*innen der Kundgebung. Nach seiner Ermordung wird mir angeboten, sein Amt zu übernehmen. Aber ich lehne ab. Ich habe jetzt eine Familie, um die ich mich kümmern muss: zehn Söhne und zwei Töchter unterschiedlichster Herkunft, Religion und Hautfarbe. Gemeinsam sind wir der Rainbow Tribe, der Regenbogenstamm.

„EIN GEIGER HAT SEINE GEIGE, EIN MALER SEINE PALETTE, ABER ICH HABE NUR MICH, ICH BIN DAS INSTRUMENT, DAS ICH PFLEGLICH BEHANDELN MUSS."

Am 8. April 1975 feiere ich mit 68 Jahren mein 50-jähriges Bühnenjubiläum mit einer großen Revue in Paris. Vier Tage später werde ich tot in meinem Bett aufgefunden, umgeben von den begeisterten Kritiken meines Auftritts. Einer meiner Söhne wird später sagen, dass ich an Glück gestorben bin. Es wäre schön, wenn er recht hat, aber in Wahrheit war es wohl doch ein Schlaganfall.

Ich wurde als eine der ersten Schwarzen Weltstars nicht nur für meine Kunst, sondern auch für meinen politischen Einsatz berühmt.

AUGEN ZU UND TANZEN

Hörst du gerne Musik? Welches ist dein Lieblingslied? Gibt es eines, zu dem du gar nicht anders kannst, als dich zu bewegen? Dreh die Lautsprecher auf und tanze so, wie es dir gerade einfällt. Je verrückter, desto besser! Mach dich groß, breit, klein, leg dich in Schräglage oder schüttle dich, bis dir die Luft ausgeht. Du wirst sehen, am Ende hast du richtig gute Laune. Das kannst du übrigens auch mal in der Früh versuchen, um voller Energie in den Tag zu starten, oder wenn du dich wegen etwas nicht gut fühlst. Tanzen befreit!

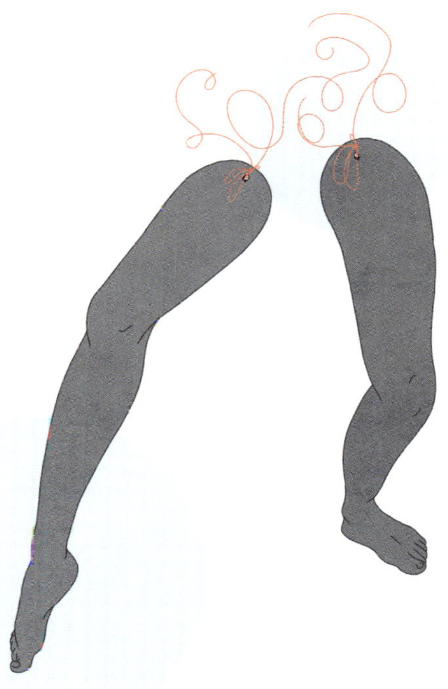

LIEBLINGSLIEDER

AM MORGEN:

ZU MITTAG:

AM ABEND:

ADA LOVELACE

10. DEZEMBER 1815 – 27. NOVEMBER 1852

ch werde als Ada Augusta Byron am 10. Dezember 1815 geboren. Meine Eltern stammen beide aus adeligen Familien. Meine Mutter, die elfte Baroness Wentworth, ist eine intelligente, religiöse und gebildete Frau. Mein Vater, Lord Byron, wird als einer der größten romantischen Dichter Englands bekannt. Berühmt-berüchtigt ist er außerdem für seinen Berg an Spielschulden und die vielen Affären. Ich bin das einzige ehelich geborene Kind meines Vaters, aber ich lerne ihn nie kennen. Als ich einen Monat alt bin, verlässt meine Mutter ihn und zieht mit mir zu ihren Eltern.

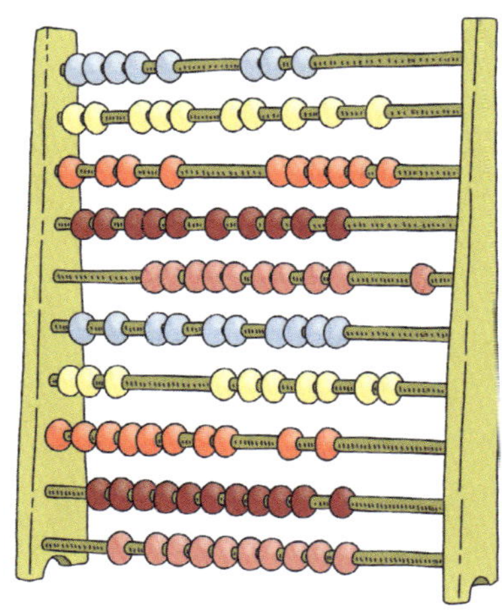

Zu meiner Zeit dürfen Frauen nicht in die Schule gehen, aber wie bei wohlhabenden Familien üblich, bekomme ich zu Hause Privatunterricht in Musik, Französisch und Lyrik. Das wäre so ziemlich alles gewesen, hätte sich meine Mutter nicht selbst so sehr für Mathematik, Geometrie und Astronomie interessiert. Also werde ich auch in naturwissenschaftlichen Fächern unterrichtet. Wenn ich male, dann nur mit Zirkel, Lineal und Winkelmaß.

Ich liebe Maschinen und verbringe viele Stunden damit, neue Erfindungen und technische Diagramme zu studieren. Ich bin 13 Jahre alt und erfinde, nur so zum Spaß, eine dampfgetriebene Flugmaschine und die Wissenschaft der „Flugologie". Mein großes Interesse an der Mathematik irritiert viele Damen und Herren der gehobenen Gesellschaft: Ein Mädchen soll sich mit anderen Dingen beschäftigen und ihren Kopf nicht zu sehr anstrengen.

„ICH BIN EINES DIESER GENIES, DIE SICH DARAUF BESCHRÄNKEN, SICH ZU ERHOLEN."

Wie in der britischen Upper Class üblich, werde ich mit 17 Jahren am königlichen Hof in London eingeführt. Von nun an darf ich offiziell auf Bälle gehen und verheiratet werden. Aber ich habe andere Pläne: Mit 18 besuche ich technische Ausstellungen, wissenschaftliche Vorträge und lerne die

DIE PROGRAMMIERSPRACHE ADA, DIE „LOVELACE MEDAL" SOWIE DER „ADA LOVELACE AWARD" WURDEN NACH IHR BENANNT.

angesehene Mathematikerin Mary Somerville kennen. Sie ermutigt mich in meinen Studien und stellt mich dem Mathematiker und Erfinder Charles Babbage vor. Er arbeitet schon seit über zehn Jahren an einer aus tausenden Zahnrädern zusammengesetzten mechanischen Rechenmaschine, der „Difference Engine". Ich bin eine der wenigen, die seine Konstruktion auf Anhieb versteht.

Mit 19 Jahren heirate ich den Baron William King und werde damit zu einer Baroness. Schon nach einem Jahr bekomme ich mein erstes von drei Kindern. Zwei Jahre später wird mein Ehemann zum Grafen gemacht, wir sind also fortan Earl und Gräfin Lovelace. Auch William interessiert sich für Mathematik und weil Frauen zu dieser Zeit der Zutritt zu Bibliotheken und Universitäten verboten ist, lässt er sich mir zuliebe in die Royal Society, einer 1660 gegründeten britischen Gelehrtengesellschaft, aufnehmen, wo ich in seinem Namen Artikel veröffentlichen kann. So übersetze ich zum Beispiel mit 27 eine Art Bedienungsanleitung von Babbages zweitem großen Rechenmaschinenprojekts, der „Analytical Engine", ins Englische. Dabei kommen mir allerlei Gedanken und eigene Ideen zur Weiterentwicklung, die ich in die Übersetzung miteinfließen lasse. Ich bin überzeugt, würde man so eine Maschine tatsächlich bauen, könnte sie nicht nur rechnen, sondern alle möglichen Aufgaben lösen und verarbeiten: komplexe Musikstücke komponieren, Grafiken und Texte erstellen. Dafür müsste man sie nur mit den richtigen „Codes" füttern. Später wird man das „Informatik" nennen. Als Beispiel dafür entwickle ich eine Tabelle, die eine komplizierte Berechnung löst, und damit sozusagen das erste Computerprogramm der Welt. Leider werden uns die finanziellen Mittel gestrichen und die „Analytical Engine" wird nie gebaut.

Meine mathematischen Leistungen finden unter den Wissenschaftler*innen immer mehr Anerkennung, aber meine Vision des modernen Computers scheint niemand wirklich zu verstehen. Auch mein Leben als Ehefrau und Mutter macht mich unglücklich. Um mich von allem abzulenken, stürze ich mich, wie schon mein mir unbekannter Vater, ins Gesellschaftsleben: tanze durch die Nächte, habe Liebesaffären und wette auf Pferde. In meinen Forschungen konzentriere ich mich zuerst auf die Elektrizität und Musik, bald aber versuche ich ein mathematisch „sicheres" Wettsystem zu entwerfen.

„ICH BIN ALS PROPHETIN IN DIE WELT GEBOREN WORDEN UND DIESE ÜBERZEUGUNG ERFÜLLT MICH MIT DEMUT, ZITTERN UND BEBEN."

Am 27. November 1852 sterbe ich mit nur 36 Jahren in London an Krebs.

Ich gelte als die erste Programmiererin der Welt und war mit meinen Ideen der Technikgeschichte um hundert Jahre voraus.

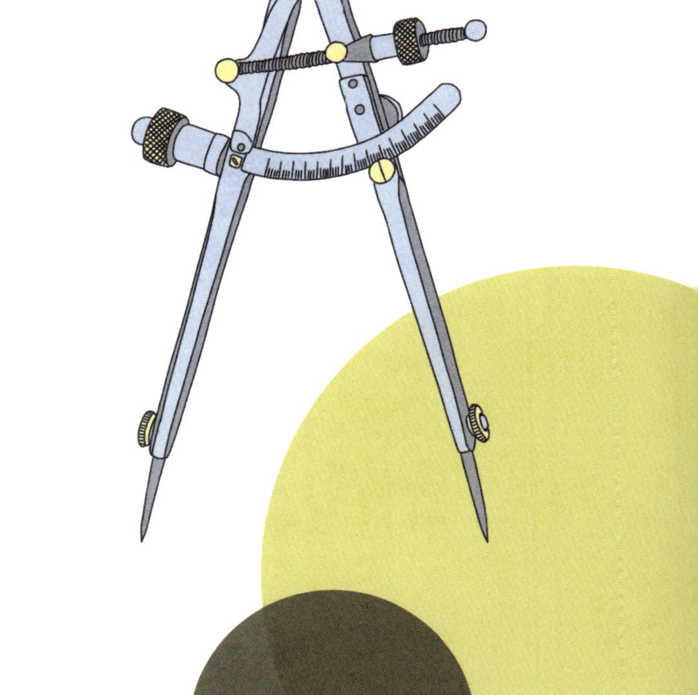

CODIERE DEINEN NAMEN!

Was du hier siehst, ist eine ASCII-Tabelle. ASCII ist eine Abkürzung für „American Standard Code for Information Interchange". Auf Deutsch heißt das „Amerikanischer Standard-Code für den Informations-Austausch". Der ASCII-Code weist Buchstaben, Zahlen und Sonderzeichen eine Zahlenkombination aus Nullen und Einsen zu. Dies ist notwendig, da Computer nur mit Nullen und Einsen Informationen speichern oder verarbeiten können.

Versuche einmal mit Hilfe der Tabelle deinen Namen zu schreiben oder den Namen einer Freundin/eines Freundes.

Ada Lovelace heißt zum Beispiel als Code: 0100 0001 0110 0100 0110 0001 0010 0000 0100 1100 0110 1111 0111 0110 0110 0101 0110 1100 0110 0001 0110 0011 01100101

Und aufgepasst! Es gibt Unterschiede zwischen Groß- und Kleinbuchstaben und auch ein Leerzeichen muss in Code übersetzt werden!

ASCII CODE

Leerzeichen 0010 0000

Zeichen	Code
0	0011 0000
1	0011 0001
2	0011 0010
3	0011 0011
4	0011 0100
5	0011 0101
6	0011 0110
7	0011 0111
8	0011 1000
9	0011 1001
A	0100 0001
B	0100 0010
C	0100 0011
D	0100 0100
E	0100 0101
F	0100 0110
G	0100 0111
H	0100 1000
I	0100 1001
J	0100 1010
K	0100 1011
L	0100 1100
M	0100 1101
N	0100 1110
O	0100 1111
P	0101 0000
Q	0101 0001
R	0101 0010
S	0101 0011
T	0101 0100
U	0101 0101
V	0101 0110
W	0101 0111
X	0101 1000
Y	0101 1001
Z	0101 1010
a	0110 0001
b	0110 0010
c	0110 0011
d	0110 0100
e	0110 0101
f	0110 0110
g	0110 0111
h	0110 1000
i	0110 1001
j	0110 1010
k	0110 1011
l	0110 1100
m	0110 1101
n	0110 1110
o	0110 1111
p	0111 0000
q	0111 0001
r	0111 0010
s	0111 0011
t	0111 0100
u	0111 0101
v	0111 0110
w	0111 0111
x	0111 1000
y	0111 1001
z	0111 1010
.	0010 1110
,	0010 0111
:	0011 1010
;	0011 1011
?	0011 1111
!	0010 1100
'	0010 1100
"	0010 0010
(	0010 1000
)	0011 1001

NAMEN:

SONITA ALIZADEH

GEBOREN 1996

ein Name ist Sonita Alizadeh und ich werde 1996 in der afghanischen Stadt Herat geboren. Meine Familie ist sehr religiös. Mein Vater und meine Brüder gehen ständig in die Moschee. Ich bin zehn Jahre alt, als meine Eltern das erste Mal versuchen, mich an einen sehr viel älteren Mann zu verkaufen. Aber bevor der Handel abgeschlossen ist, müssen meine Familie und ich vor der Herrschaft der Taliban (streng gläubige islamische Terrorgruppe) flüchten. Zu Fuß legen wir hunderte Kilometer zurück, um über die Grenze in den Iran zu gelangen.

Das Leben als afghanische Geflüchtete im Iran ist hart und weil ich nicht zur Schule darf, gehe ich arbeiten. Ich putze Büroräume und Badezimmer, um meiner Familie zu helfen. Mit 14 höre ich zum ersten Mal Songs von Eminem und dem iranischen Rapper Yas. Sie drücken alle ihre Gedanken und Gefühle mit Worten und Musik aus. Das will ich auch versuchen! Ich putze und rappe dabei.

„UNSERE STÄRKSTE WAFFE IST UNSERE STIMME."

Meine Familie erträgt den Alltag und die Unterdrückung im Exil nicht mehr und kehrt nach Afghanistan zurück. Ich bleibe in Teheran und lebe in einem Heim für minderjährige Flüchtlinge. Dort werde ich auch unterrichtet. Neben der Musik entdecke ich meine Liebe zum Schreiben und mein Interesse für Kunst. Ich beginne, mit Pop- und Rapmusik zu experimentieren. In meinem ersten Song geht es um Kinderarbeit. Über solche Themen zu sprechen, ist sehr gefährlich, und als Frau ist es mir außerdem nicht erlaubt zu singen. Aber ich kann einfach nicht mehr stumm bleiben.

Nach und nach verschwinden meine Freundinnen aus dem Klassenzimmer. Sie werden alle gezwungen, ältere Männer zu heiraten. Warum ist das so? Warum werden wir daran gehindert, weiter zur Schule zu gehen und selbstständig zu werden? Ich bin 16 und werde erneut von meinen Eltern zur Heirat gedrängt. Sie brauchen das Geld, um für die zukünftige Ehefrau meines Bruders zu zahlen. Meine Mutter verhandelt mit dem Mann. Als Braut bin ich 9.000 US-Dollar wert.

Ich kann so nicht mehr weitermachen. Ich muss mich wehren und stecke all meine Wut und Kraft in die Musik. Ich schreibe einen Song, den ich „Brides for Sale" (auf Deutsch: „Braut zu verkaufen") nenne, und lade ihn auf YouTube hoch. Im Text geht es um Mädchen wie mich – und von denen gibt es leider viele. Auch zwei meiner Schwestern leben in einer Zwangsehe. Aber ich glaube, meine Familie kann nicht wirklich etwas dafür. Sie tun einfach, was die anderen um sie herum auch machen. Der Nachbar verheiratet seine Töchter, anstatt sie in die Schule oder zur Arbeit zu schicken. Also tun sie es auch.

Mein Video erreicht über 1,4 Millionen Klicks und schafft es weit über die Grenzen des Irans und Afghanistans hinaus. Dadurch wird die NGO „Strongheart Group" auf mich aufmerksam und ich bekomme ein Stipendium, mit dem ich vor der Zwangsheirat in die USA flüchten kann. Ich gehe also nach New York, wo ich Menschenrecht und Musik studiere. Später will ich Rechtsanwältin werden.

IN DEM MUSIKVIDEO „BRIDES FOR SALE" TRÄGT SIE EINEN STRICHCODE AUF DER STIRN, UM ZU SYMBOLISIEREN, DASS MAN ALS KINDERBRAUT WIE WARE GEHANDELT WIRD.

Ich höre nicht auf, über die Themen zu singen, die mich beschäftigen und so viele andere Frauen auf der Welt in großes Unglück stürzen. Das Geld, das ich bei meinem ersten Konzert in den USA verdiene, schicke ich meiner Mutter nach Afghanistan. Bei einem Projekt, das geflüchtete Mädchen in Teheran unterstützt, lerne ich die iranische Regisseurin Rokhsareh Ghaem Maghami kennen. Sie begleitet mich drei Jahre lang, um der Welt meine Geschichte als Dokumentarfilm zu erzählen. Der Film „Sonita" gewinnt auf dem Sundance Film Festival 2016 zwei Preise.

BRIDES FOR SALE

Ich bin 24 und nutze meine Musik und alle Kanäle, um über Kinderehen aufzuklären. Viele junge

Menschen schließen sich mir an. Organisationen wie die „Strongheart Group", „Global Citizen" und „The Robert F. Kennedy Human Rights" unterstützen meine feministischen Pläne, jungen Frauen ihr Recht auf eigene Entscheidungen zu verschaffen.

Der Krieg in Afghanistan ist ein weiteres Thema, das mir den Schlaf raubt, und ich versuche, mit verschiedenen Organisationen Kontakt aufzunehmen und Proteste vor der Uni oder dem UN-Gebäude zu organisieren. Auch wenn ich allein bin, es ist wichtig, dass ich den Menschen in Afghanistan mit meiner Musik und meinen Taten eine Stimme gebe.

IN AFGHANISTAN WERDEN 57% ALLER MÄDCHEN NOCH VOR IHREM 19. GEBURTSTAG ZWANGSVERHEIRATET.

Ich habe es geschafft, frei und selbstbestimmt leben zu können und bin heute Rapperin, Künstlerin und Aktivistin.

SAG'S MIT RHYTHMUS!

Such dir einen Freestyle-Rap-Beat auf YouTube raus und versuche einfach mal frei von der Leber weg über dein eigenes Leben oder was dich gerade beschäftigt zu rappen.

Notiere dir hier Gedanken dazu, Wörter, die du gerne in deine Lyrics einbauen möchtest oder überhaupt den ganzen Songtext.

Auch hier gilt: Übung macht den*die Meister*in: Jede Zeile, jede Strophe, jeder Track wird ein kleines bisschen besser als der Song davor.

MEIN SONG:

MARINA ABRAMOVIĆ

GEBOREN AM 30. NOVEMBER 1946

ch werde als Tochter einer Majorin und eines Nationalhelden in ein finsteres Land und eine düstere Zeit hineingeboren. Am 30. November 1946 komme ich als Marina Abramović in Belgrad zur Welt: im Nachkriegsjugoslawien, beherrscht von einer kommunistischen Diktatur unter Marschall Tito.

Den meisten mangelt es an allem. Uns nicht. Denn meine Eltern sind Kriegsheld*innen. Sie haben, angeführt von Tito, gegen die Nazis gekämpft. Deshalb wurden sie nach dem Krieg auch mit wichtigen Ämtern betraut. Mein Vater gehört Titos Leibgarde an, meine Mutter leitet das Amt für Denkmalpflege. Später wird sie Direktorin des Revolutionsmuseums.

Meine Geburt war wohl sehr anstrengend und meine Mutter muss danach noch ein ganzes Jahr lang im Krankenhaus bleiben. Anfangs versorgt mich also unser Hausmädchen. Ich will aber nicht richtig essen. Als meine Großmutter Milica uns besuchen kommt, ist sie entsetzt darüber, wie dünn ich bin. Bis ich sechs Jahre alt bin, lebe ich bei ihr. Meine Eltern besuchen mich nur am Wochenende. Dann wird mein Bruder geboren und sie nehmen mich wieder mit zu sich. Wir wohnen in einer riesigen Wohnung im Zentrum von Belgrad. Uns gehört ein ganzes Stockwerk, acht Zimmer für vier Personen. Im Salon stehen Regale voller Bücher und ein schwarzer Flügel. An den Wänden hängen wertvolle Gemälde.

„EIN GROSSER KÜNSTLER MUSS BEREIT SEIN, ZU SCHEITERN."

Ich bin 14 und während meiner gesamten Schulzeit sehr unglücklich. Ich finde mich hässlich. Wahrscheinlich bin ich das allerhässlichste Mädchen in der ganzen Schule. Ich bin mager und groß, deswegen nennen mich alle nur „Giraffe". Meine Nase ist zu groß, ich habe jede Menge Pickel und meine Mutter steckt mich in fürchterliche Kleider.

Meine Eltern streiten sich oft und schreien sich ganz furchtbar an. Ich flüchte mich dann

in meine eigene erfundene Welt. Lese von morgens bis abends und male meine Träume. Ich bin 17 und bereite mich für die Aufnahmeprüfung an der Kunstakademie in Belgrad vor. Dafür besuche ich Abendkurse und Malunterricht, um eine Mappe zusammenzustellen.
Mit 19 werde ich an der Kunstakademie aufgenommen. Ich male, wie von den Lehrer*innen verlangt, Akte und Stillleben, Porträts und Landschaften. Aber es sind ganz andere Bilder, die mich wirklich inspirieren: Verkehrsunfälle zum Beispiel.

SIE ENTWICKELT DIE „ABRAMOVIĆ-METHODE", EIN SPIRITUELLES TRAININGSPROGRAMM: WASSER TRINKEN, REIS ZÄHLEN, LANGSAM GEHEN UND IN DIE AUGEN SCHAUEN.

Nach fünf Jahren schließe ich mit 24 mein Studium ab. Ich interessiere mich besonders für Konzeptkunst, Arbeiten mit Sound und Performances. Vor allem aber möchte ich erforschen, wo die Grenzen meines eigenen Körpers liegen. Wie viel Leid ich ertragen kann. Das finde ich spannend. In meinen Performances beginne ich damit, einfache Tätigkeiten des Alltags immer und immer wieder zu wiederholen. So oft, bis ich einfach nicht mehr kann und mein Körper aufhört zu funktionieren. Wenn es um meine Arbeit geht, machen mir Schmerzen und Gefahren keine Angst. Oft setze ich bei meinen Aktionen auch religiöse Objekte ein: Stern, Kreuz, Eis und Feuer, Honig und Wein.

Mit 30 ziehe ich nach Amsterdam. Dort lerne ich den deutschen Fotografen und Performer Ulay (Frank Uwe Laysiepen) kennen. Wir werden ein Paar und entwickeln viele wichtige Performance-Arbeiten zusammen. Aber unsere Beziehung ist nicht einfach und wir beschließen nach einigen Jahren, uns mit einer letzten großen gemeinsamen Arbeit zu trennen. Wir nennen sie „The Lovers, The Great Wall Walk". Ulay und ich starten am jeweils entgegengesetzten Ende der Großen Chinesischen Mauer. 90 Tage lang und mehr als 2.000 Kilometer gehen wir aufeinander zu, treffen uns in der Mitte und trennen uns, um von da an eigene Wege zu gehen. Im Leben wie in der Kunst.

Ich bin 38 Jahre alt und konzentriere mich darauf, wieder allein zu arbeiten. Die Themen, die mich beschäftigen, haben viel mit meiner Familie, dem Land und der Kultur, aus der ich komme, zu tun. Manchmal ist es sehr schwierig für mich, weil es nur wenige Menschen gibt, die von meinen Performances nicht berührt – und dadurch sehr aufgeregt – werden. Man sagt häufig über mich, dass ich eine umstrittene Künstlerin sei. Mit 51 Jahren gewinne ich aber dann mit der Installation und Performance „Balkan Baroque" den Goldenen Löwen als beste Künstlerin auf der Biennale von Venedig. Eine wichtige Auszeichnung in der Kunst.

Ein paar Jahre später, ich bin 55 und mittlerweile sehr berühmt, verlasse ich Europa, um nach New York zu ziehen. Dort gründe ich ein Forum für aktuelle Performancekunst, wo ich mit begabten jungen Künstler*innen zusammenarbeite. Ich bin Lehrerin, Mentorin und entwickle nach wie vor eigenen Arbeiten.

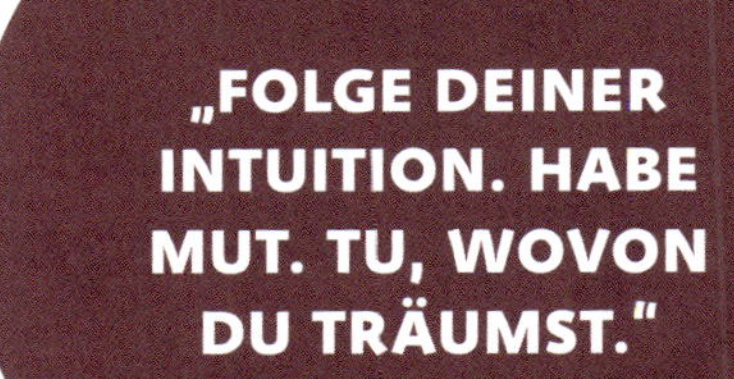

Ich bin eine Pionierin der Performance-Kunst und eine der berühmtesten lebenden Künstlerinnen der Gegenwart.

ÜBE DICH IN DER ABRAMOVIĆ-METHODE!

Die „Abramović-Methode" umfasst vier Achtsamkeitsübungen, die vielleicht einfach klingen, es aber nicht sind. Ähnlich wie andere Meditations- oder Achtsamkeitsübungen können auch diese dabei helfen, deine Willenskraft, Geduld und Konzentrationsfähigkeit zu stärken. Probiere es einfach mal aus. Aber kein Stress, mach jede Übung (oder nur eine/zwei/...) nur so lange, wie du möchtest und dich dabei gut fühlst.

1. Wasser trinken:
Fülle ein Glas mit Wasser – nicht zu voll und nicht zu leer. Trinke das Wasser so langsam wie möglich, während du deine ganze Konzentration auf diese Tätigkeit legst und versuchst, deine Aufmerksamkeit ganz auf das Hier und Jetzt zu lenken. Fühle die Kühle des Wassers, seine Härte. Schließe nun deine Augen und öffne sie wieder, nimm einen winzigen Schluck und spüre, wie das Wasser in deinen Körper fließt. Wenn du es schaffst, diese Übung in die Länge zu ziehen – 50 oder 60 Minuten –, wirst du wahrscheinlich nie mehr ein Glas Wasser trinken, ohne dich an diese Übung zu erinnern.

2. Reis zählen:
Nimm eine Packung Reis und eine Packung schwarze Linsen. Leere beide aus und vermische sie. Leg dir einen Stift und ein Blatt Papier daneben. Zähle den Reis und die Linsen, indem du sie wieder auseinander sortierst. Diese Übung hilft dir dabei, deinen Willen und gleichzeitig die Fähigkeit, Widerstände zu überwinden, zu stärken. Der entscheidende Punkt ist gekommen, wenn du die Übung zu hassen beginnst und dich ärgerst. Dann kann sich, laut Abramović, plötzlich eine tiefe Ruhe und Gelassenheit einstellen und die Zeit hört auf zu existieren.

3. Langsam gehen:
Gehe ins Grüne (wähle dafür einen großen Park, Wanderweg, ...). Übe nun den „slow motion walk" – den „Zeitlupengang" – ohne geplante Zielrichtung. Es geht darum, die Bewegung zu spüren, deine Fußsohlen und Gelenke. Atme dabei sehr langsam und nimm die Umgebungsgeräusche wahr: das Rauschen des Windes, Vogelgesang usw.

4. In die Augen schauen:
„Die Augen sind das Tor der Seele." Setz dich dafür in einer ruhigen Haltung auf einen Stuhl, nicht zurückgelehnt, sondern aufrecht. Dein Blick ist auf die Stelle zwischen die Augen eines gegenübersitzenden Menschen gerichtet. Frag gerne deine Eltern/Geschwister/Freund*innen, ob sie dir dabei helfen. Versuche, jede Bewegung zu vermeiden. Atme regelmäßig durch die Nase und löse deine Augen nicht von diesem Punkt. Lass nun einfach die Zeit vergehen.

ANDREA GRILL

GEBOREN 1975

Ich heiße Andrea Grill und werde 1975 in Bad Ischl, einem bekannten Kurort in Österreich, geboren. Mit sechs Jahren beginne ich zu lesen, mit sieben zu schreiben. Ich wachse mit einer Schwester, einem Hund, einer Katze, einem Vogel und einem Fisch auf. Nach meiner Schulzeit studiere ich Biologie, Italienisch, Spanisch und Sprachwissenschaft in Salzburg, Thessaloniki, Griechenland, und Tirana, Albanien. Mit 25 lebe ich drei Jahre in Cagliari, Sardinien, und forsche zur Evolution der Schmetterlinge der Insel. Außerdem erscheint mein erster literarischer Text. Ich bin 28, als ich meinen Doktortitel der Naturwissenschaften an der Universität von Amsterdam, Niederlande, erhalte.

Mit 33 Jahren ziehe ich nach Wien, wo ich seither als Schriftstellerin und Übersetzerin aus dem Albanischen, Italienischen und Niederländischen arbeite. Für meine Werke erhalte ich viele literarische Auszeichnungen. Gemeinsam mit meinem Partner, unserem kleinen Sohn und seinem Hamster leben wir in einer mit Büchern vollgefüllten Altbauwohnung.

Wie auch andere Frauen empfinde ich mich selbst als kreativ, erfindungsreich und lebendig. Ich meine, Frauen können die Gefühle ihres Gegenübers und den Zustand des Universums in seiner Gesamtheit gleichzeitig erfassen und spüren, wo sie darin stehen. Das gefällt mir sehr.

Es gibt eine Reihe Frauen, die mich beeindruckt oder fasziniert haben. Ich wähle unter ihnen Marlene Streeruwitz, weil sie für das, was mich ausmacht, entscheidend war. Sie ist Schriftstellerin, sie ist Intellektuelle. Sie mischt sich in die Politik ein und spricht furchtlos mit Männern, die das Sagen haben. Sie ist sehr rational, weiß aber um die Wichtigkeit des Irrationalen. Sie denkt global oder universal, kennt sich aber gut in der Geschichte der Menschen in ihrem Geburtsland Österreich aus. Marlene hat klare Gedanken, die ich davor noch nie gehört oder gelesen habe, und eine scharfe Zunge. Was eine Schriftstellerin kann, habe ich bei ihr gelernt. Ihr ist jeder Satz wichtig. Unter anderem von ihr habe ich gelernt, dass eine Schriftstellerin ganz anders schreiben darf, als wir das in der Schule lernen.

Dabei kann sie gut kochen und tut das gern. Ist liebevoll und geduldig mit Kindern. Sie reist gern und ich reise auch gern.

Frauen oder Menschen, die nicht eindeutig Frau oder Mann sind, haben mich von Kind an mehr beeindruckt als Männer, die eindeutig Männer waren. Ich habe fast ein schlechtes Gewissen, das zu sagen, weil gerade mein Vater mich in vieler Hinsicht zu dem gemacht hat, was ich bin, mich immer unterstützt hat, in dem, was ich machen wollte. Es war gut, nur weil ich mich dafür entschieden hatte. Das ist etwas Besonderes, wenn ein Elternteil das kann. Trotzdem habe ich mich stets an Frauen orientiert. Sogar beim Film schwärmte ich nur für Schauspielerinnen. Da war kein Mann, der mir gefiel.

MARIA MONTESSORI

31. AUGUST 1870 – 6. MAI 1952

it vollem Namen heiße ich Maria Tecla Artemisia Montessori und ich werde am 31. August 1870 in Chiaravalle, Italien, geboren. Mein Vater erzieht mich nach strengen traditionellen Werten, während meine Mutter – eine sehr gebildete Frau – offen und aufgeschlossen ist. Ich bin schon als Kind willensstark und eine Friedensstifterin.

Im Alter von fünf Jahren ziehe ich mit meinen Eltern nach Rom, in die Hauptstadt Italiens. Obwohl die Schulen hier besser sein sollen, sind die Lehrer*innen schlecht ausgebildet und schlagen auch mal mit dem Stock zu, wenn wir etwas falsch machen oder nicht zuhören. Es dauert ein bisschen, bis ich Lust aufs Lernen habe, aber dann tigere ich mich so richtig rein. Besonders Biologie und Mathematik interessieren mich. Das Mathebuch nehme ich sogar mit ins Theater, um während der Vorstellung darin zu lesen.

„WAS KINDER BETRIFFT, BETRIFFT DIE MENSCHHEIT!"

Mit 13 Jahren komme ich an eine technisch-naturwissenschaftliche höhere Schule. In damaligen Zeiten ist das für ein Mädchen etwas sehr Ungewöhnliches. Überhaupt besuchen nur wenige Mädchen eine höhere Schule und alles Technische ist ausschließlich für Jungs. Nach meinem Abschluss gestehe ich meinem Vater, dass ich lieber Ärztin als Ingenieurin werden möchte. Er ist fassungslos: Als Frau Medizin zu studieren, wie lächerlich. In ganz Italien gibt es zu dieser Zeit keine einzige Ärztin.

Und tatsächlich werde ich für ein Medizinstudium an der Universität abgelehnt. Mit 20 Jahren studiere ich also erst mal Mathematik, Physik und Naturwissenschaften. Ich schließe mit Auszeichnung ab und bekomme so, als erste Frau in Italien, die Zulassung für ein Medizinstudium. Besonders interessiere ich mich für die Kinderheilkunde und sammle schon während des Studiums Erfahrungen als Assistenzärztin. Außerdem setze ich mich für die Rechte der Frau ein und halte aufsehenerregende Vorträge über Frauenemanzipation.

Ich bin 26 Jahre alt, als mir endlich der Doktortitel in Medizin verliehen wird.

Ein Jahr später assistiere ich an der Psychiatrischen Klinik der Universität Rom und bin geschockt, unter welchen fürchterlichen Bedingungen geistig behinderte Kinder in der städtischen Nervenheilanstalt untergebracht werden. Ich setze mich für die Rechte der betroffenen Kinder ein und fordere außerdem die Einrichtung spezieller Schulen.

Ich bin 28, als mein einziger Sohn Mario geboren wird. Sein Vater und ich leben nicht zusammen und Mario verbringt die nächsten 15 Jahre bei Pflegeeltern auf dem Land, wo ich ihn oft besuche.

Mit 29 Jahren leite ich das „Heilpädagogische Institut" zur Erziehung geistig behinderter Kinder. Dort entwickle ich spezielle Lehrmaterialien für den Sprach- und Mathematikunterricht. Nach zwei Jahren verlasse ich das Institut, um Vorträge zu halten und für meine Studien und Forschungen verschiedene Schulen zu besuchen. Einige Jahre später werde ich mit 37 Jahren die Leiterin des ersten Kinderhauses „Casa dei Bambini" in einem römischen Arbeiterbezirk. Es ist eine Tagesstätte für geistig gesunde Kinder aus sozial schwachen Familien. Es ist beeindruckend, mit welchem Spaß diese Kinder die gleichen Hilfsmittel und Lernmethoden annehmen, die ich eigentlich zur Förderung geistig behinderter Kinder entwickelt hatte.

IN MONTESSORI-SCHULEN LERNEN KINDER VERANTWORTUNG FÜR DAS EIGENE HANDELN ZU ÜBERNEHMEN.

Meine Arbeit ist so erfolgreich, dass nach und nach mehrere solcher Kinderhäuser in Rom, Mailand und der italienischen Schweiz eröffnen. Gleichzeitig entwickle ich meine Methoden ständig weiter: Kleine Tische und Bänke, niedrige Schränke und Regale, kindergerechtes Geschirr, Bilder und Pflanzen sollen die Kinder dazu ermutigen, selbstständig Dinge zu tun.

Meine Idee ist, dass Kinder frei lernen sollen, in ihrem eigenen Tempo, ohne Belohnung oder Strafen.

Ich bin 43 Jahre alt und gemeinsam mit meinem Sohn Mario reise ich durch Europa, Amerika und Indien, wo ich Vorträge über meine Pädagogik halte. Außerdem werden Lehrer*innen so ausgebildet, dass sie ihren Unterricht nach dem „Montessori-Prinzip" führen können. In Europa und Amerika entstehen viele Montessori-Schulen.

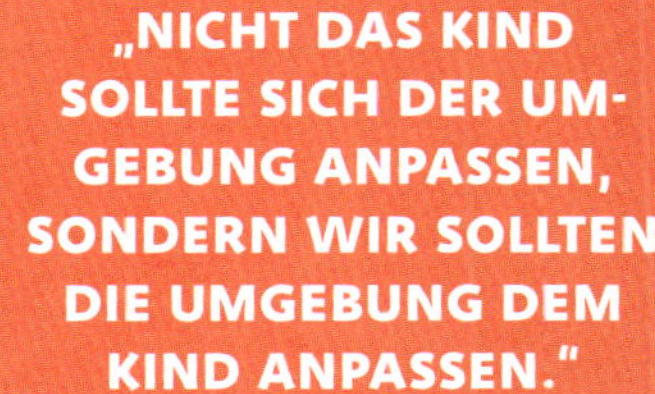

1936 muss ich im Alter von 66 Jahren vor dem ausbrechenden Zweiten Weltkrieg fliehen. Ich reise nach Amsterdam und dann gemeinsam mit meinem Sohn nach Indien. Erst mit 76 Jahren kehre ich nach Europa zurück. Dort verbringe ich in den Niederlanden meinen Lebensabend, wo ich, noch voller Pläne und Ideen, am 6. Mai 1952 im Alter von 81 Jahren sterbe.

Ich habe mit meinen Visionen und Pädagogikkonzepten bis heute Leben und Werdegang vieler Menschen positiv beeinflusst.

ADOPTIERE EINE PFLANZE!

In der Montessori-Pädagogik gehört die Pflanzenpflege zu den Übungen des täglichen Lebens. Möchtest du das auch einmal probieren? Adoptiere eine (ungiftige!) Pflanze und kümmere dich ab sofort gewissenhaft um sie. Das bedeutet, du bist für sie verantwortlich: Bekommt sie genug Wasser, hat sie genug Licht, ...? Ist es eine Zimmerpflanze, kannst du dich daran erfreuen, wie schön sie durch deine Pflege bleibt. Ihre Blätter strahlen, vielleicht bekommt sie eine neue Knospe oder blüht sogar? Hast du Gemüse, Obst oder Kräuter gesät, dann kannst du vielleicht bald ernten!

Folgende Utensilien könnten dafür hilfreich sein, du kannst sie in einer kleinen Kiste oder einem Korb neben deine Pflanze stellen:

- Gießkanne (zum Gießen)
- Sprühflasche (zum Bestäuben der Blätter)
- Baumwoll-Putzlappen und Schwämmchen (um die Blätter von Staub zu reinigen)

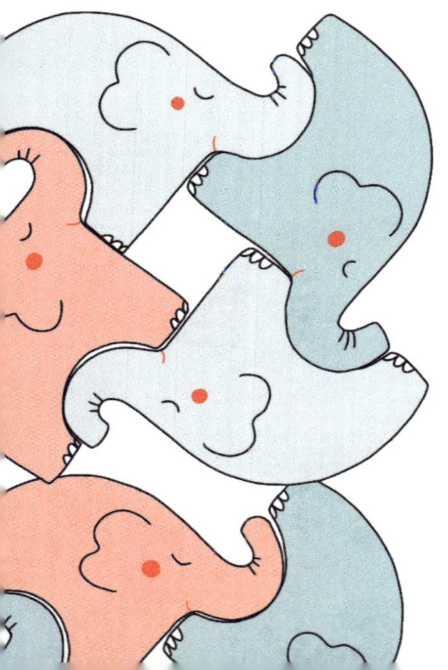

DEINE PFLANZE

Klebe hier ein Foto deiner Pflanze ein oder fertige eine Zeichnung an.

JUDIT POLGÁR

GEBOREN AM 23. JULI 1976

„REICH, ARM, MÄDCHEN, JUNGE, ALT, JUNG. SCHACH IST EIN FANTASTISCHES SPIEL, DAS MENSCHEN UND GENERATIONEN VEREINEN KANN!"

Ich werde als Judit Polgár am 23. Juli 1976 in Budapest, der Hauptstadt Ungarns, geboren. Schon vor meinem ersten Atemzug, meinem ersten Schrei, bin ich Teil des umstrittenen pädagogischen Forschungsprojekts meiner Eltern. Klara und László Polgár wollen beweisen, dass Genies nicht geboren, sondern gemacht werden. Sie sind davon überzeugt, dass Kinder in einer bestimmten Disziplin außergewöhnliche Erfolge erzielen können, wenn sie sich von klein auf intensiv damit beschäftigen. Genauso wie meine älteren Schwestern Zsófia und Zsuzsa werde ich deshalb zu Hause unterrichtet. Vor allem aber tun wir drei eines: Schach spielen. Meistens sechs bis acht Stunden am Tag. Für mich ist das so selbstverständlich wie laufen lernen und macht mir großen Spaß. Mein Vater versteht nicht, warum es bei dem Spiel irgendwelche Unterschiede zwischen Männern und Frauen geben sollte.

Schon mit neun Jahren ziere ich das Cover der New York Times, nachdem ich mein erstes internationales Schachtournier, die „New York Open", gewinne. Mit elf Jahren besiege ich meinen ersten Großmeister im Schach: Lev Gutman. Er ist so überrascht und frustriert, dass er nach dem Spiel seinen Kopf mehrere Male gegen die Aufzugstür schlägt. Ein Jahr später erhalte ich mit zwölf Jahren als jüngste Spieler*in der Geschichte den Titel „Internationaler Meister". Die Schach-Großmeister vor mir, Garry Kasparov und Bobby Fischer, haben den Titel beide erst mit 14 verliehen bekommen!

Meine beiden Schwestern und ich vertreten Ungarn bei der 28. Schacholympiade in Thessaloniki, Griechenland. Die Regeln des Ungarischen Schachverbands verbieten uns aber, gegen Männer zu spielen: Frauen gehören in die „Frauensektion". So gewinnt Ungarn in diesem Jahr die Schacholympiade eben in der Frauensektion und ich erhalte eine Einzelgoldmedaille und den „Brillanzpreis". Die Leute sind begeistert.

Vor meinem 13. Geburtstag werde ich in die Top 100 der „Elo-Rangliste“, einer Liste, auf der die Spielstärke der Spieler*innen auf der ganzen Welt angegeben wird, aufgenommen. Damit könnte ich eigentlich schon an der Frauen-Weltmeisterschaft teilnehmen. Aber ich will mich nicht nur an den stärksten Frauen messen. Die echte Herausforderung sind die Männer. Ich spiele weiter.

Ich bin 15 Jahre und vier Monate alt, als ich Bobby Fischers Rekord als jüngsten Großmeister um einen Monat schlage. Ab da werde ich zu vielen Eliteturnieren eingeladen, bei denen ich mich mit den weltweit stärksten männlichen Spielern messen kann. Mein aggressiver Spielstil ist berühmt-berüchtigt: Wie ein Tiger gehe ich meinen Gegnern direkt an die Kehle.

„ICH SPIELTE SCHON IMMER GEGEN DIE BESTEN MÄNNER. DIE ECHTE HERAUSFORDERUNG WAR IMMER MÄNNER GEGEN FRAUEN.“

Mit 26 habe ich mein bisher wichtigstes Spiel gegen die Schach-Legende Garry Kasparov. Das Tournier wird nach Schnellregeln gespielt. Ich entscheide mich für eine Spanische Eröffnung, Kasparov für eine Berliner Verteidigung. Ich bin die erste Frau der Geschichte, die die Nummer 1 der Männer in einem Wettkampfspiel besiegt. Dabei meinte Kasparov noch vor unserem Spiel: „Polgár besitzt fantastisches Schach-Talent, aber sie ist trotz allem eine Frau. Das liegt alles an den Unvollkommenheiten der weiblichen Psyche. Keine Frau kann einen längeren Kampf durchhalten. Sie kämpft gegen die Gewohnheit von Jahrhunderten ...“

Ich bin 24 und heirate den Tierarzt Gusztáv Font. Mit 28 bin ich auf Platz acht in der „Elo-Rangliste“. Meine höchste Punktzahl erreiche ich im darauffolgenden Jahr, kurz nach der Geburt meines ersten Sohnes. Ein Jahr später bringe ich eine Tochter zur Welt. Mit 38 Jahren gebe ich bei einem Interview mit der Londoner Zeitung „The Times“ schließlich bekannt, meine Karriere im Spitzenschach zu beenden. Bis dahin habe ich viele großartige Spiele gespielt und wichtige Siege errungen.

2012 gründe ich die „Judit Polgár Schachstiftung", veröffentliche meine Memoiren und entwerfe gemeinsam mit Pädagog*innen und Expert*innen eine neue und einzigartige Methode, die bereits Vor- und Volksschulkindern das Schachspielen ermöglicht, indem sie das Fach „Skill Development Chess" wählen können.

SIE BEWIES, DASS DAS VORURTEIL, DASS FRAUEN DER KILLERINSTINKT FEHLE, UM IHRE GEGNER IM SCHACH ZU VERNICHTEN, FALSCH IST.

Ich habe elf von 20 Weltmeister der Schachgeschichte besiegt, die Bronzemedaille bei den Europameisterschaften der Männer 2011 gewonnen und Ungarn acht Mal als Teil des Männer-Teams bei der Schacholympiade vertreten, dabei zwei Mal die Silbermedaille gewonnen. Ich bin überzeugt davon, dass mein Lebensweg vielen Mädchen ein Vorbild sein kann.

Ich gelte bis heute als spielstärkste Frau der Schachgeschichte.

ALS KIND IST SIE SEHR ABERGLÄUBISCH: NIEMAND DURFTE IHREN „GLÜCKSBLEISTIFT" ODER DEN SCHWARZ-ROT-WEISS GESTREIFTEN „GLÜCKSPULLOVER", DEN IHRE MUTTER GESTRICKT HATTE, ANFASSEN.

ENTDECKE DEIN SCHACH-TALENT!

Hast du einen Freund oder eine Freundin, der oder die gerne Schach spielt, oder wissen deine Eltern oder Geschwister vielleicht sogar, wie es geht? Probiere es einfach mal aus!

Oder lade dir eine kostenlose App für Anfänger*innen herunter, lass dir die Regeln erklären und versuche deine ersten Partien. Vielleicht schlummert in dir ein bisher noch unentdecktes Schach-Talent?

LIEBSTE SCHACHERÖFFNUNGEN:

KLEOPATRA

69 V. CHR. – 12. AUGUST 30 V. CHR.

ch bin Kleopatra, letzte Königin des hellenistischen Ptolemäerreiches (makedonisch-griechische Dynastie) und letzter weiblicher Pharao von Ägypten. Geboren werde ich um 69 v. Chr. als Tochter des ägyptischen Pharaos Ptolemaios XII in Alexandria. Schon seit über 300 Jahren ist meine Familie, die ursprünglich aus Griechenland stammt, in Ägypten an der Macht. Auch mein Name ist nicht ägyptisch, sondern makedonisch.

Während meiner Kindheit sorgt mein Vater dafür, dass ich eine gute Ausbildung bekomme. Ich werde in Musik und Kultur unterrichtet, es werden aber auch Wissenschaftler und Philosophen an den Hof geholt. Obwohl wir in Ägypten leben, ist meine Muttersprache Griechisch. Während der ganzen Zeit, in der meine Familie über Ägypten herrschte, gab es keinen Pharao, der die ägyptische Sprache sprechen konnte. Ich hingegen lerne außer Ägyptisch auch Äthiopisch, Hebräisch, Arabisch, Syrisch und noch viele andere Sprachen.

Ich habe eine gute Beziehung zu meinem Vater und nach meiner Machtübernahme wähle ich den Beinamen Philopator, „die Vaterliebende". Ich bin 18 Jahre alt, als mein Vater stirbt. Wie es sich zur damaligen Zeit gehört, muss ich nun meinen erst zehn Jahre alten Bruder heiraten, um mit ihm gemeinsam das Land zu regieren.

WAHRSCHEINLICH WAR SIE GAR NICHT SCHÖN, WIE IMMER GESAGT WIRD, ES WAREN VIELMEHR IHR WITZ, IHR CHARME UND IHRE INTELLIGENZ, DIE SIE SO UNWIDERSTEHLICH MACHTEN.

Ich habe große Pläne für unser Land. Ich will die Grenzen erweitern und mich mit den römischen Nachbarn verbünden, damit aus den beiden Gebieten ein großes Ganzes werden kann. Mein Bruder und Ehemann Ptolemaios XIII will da aber nicht mitspielen. Im Gegenteil, er will mich sogar loswerden und schickt mich nach Syrien ins Exil.

Sein Wille nach Macht ist so groß, dass er noch nicht einmal davor zurückschreckt, mich ermorden zu lassen. Aber auch ich bin bereit, um meine Herrschaft zu kämpfen. Um den Thron zurückzuerobern, stelle ich Truppen zusammen, mit denen ich nach Ägypten ziehen und meinen Bruder besiegen will. Doch da funkt der römische Feldherr Julius Cäsar dazwischen. Beeindruckt von meinem Ehrgeiz und Willen kommt er mir zu Hilfe, doch mein Bruder versucht mit allen Mitteln, meine Rückkehr nach Alexandria zu verhindern.

Eines Nachts besteige ich ein kleines Boot, das mich bis in die Nähe des Königspalastes bringt. Von dort aus werde ich, in einem Bettsack versteckt, von einem treuen Gefolgsmann in den Palast zu Julius Cäsar gebracht. Das ist der Beginn unserer Liebesaffäre und Cäsar ist nun voll und ganz auf meiner Seite. Er nimmt sich vor, mit seinem Heer meine Heimatstadt Alexandria einzunehmen, was ihm auch gelingt. Mein Bruder stirbt während des Entscheidungskampfs. Wie es die Tradition will, ernennt nun Cäsar meinen zweiten, zwölf Jahre alten Bruder Ptolemaios XIV zu meinem neuen Ehemann und Mitregenten.

„ALLE MERKWÜRDIGEN UND SCHRECKLICHEN EREIGNISSE HEISSE ICH WILLKOMMEN, ABER BEQUEMLICHKEIT VERSCHMÄHE ICH."

Ich bin 22 Jahre alt, liebe Julius Cäsar und bringe unseren gemeinsamen Sohn, den „kleinen Cäsar", zur Welt. Mit meinem Kind folge ich Cäsar nach Rom und hoffe, dort endlich meinen Wunsch nach einem großen Weltreich erfüllen zu können. Aber so weit kommt es nicht. Cäsar wird von zwei Widersachern heimtückisch ermordet. Traurig kehre ich mit meinem Sohn nach Ägypten zurück, wo ich meine großen Pläne erst einmal auf Eis legen muss.

Wenig später stirbt auch mein zweiter Ehemann und Bruder unter mysteriösen Umständen und ich nehme Kontakt zu Marcus Antonius auf, der nach Cäsars Tod gemeinsam mit Octavian das Römische Reich regiert. Auch er kann mir nicht widerstehen und gemeinsam haben wir drei Kinder.

Viel wichtiger aber ist, dass Antonius die Grenzen meines Reichs und damit meiner Herrschaft erweitert.

Octavian ist damit ganz und gar nicht einverstanden und erklärt uns den Krieg. Seine Truppen sind den unsrigen haushoch überlegen und nachdem Antonius aus Verzweiflung über seine Niederlage Selbstmord begeht, flüchte ich aus der Schlacht zurück nach Ägypten. Dort angekommen ist es aber nur eine Frage der Zeit, bis Octavian mich als Verliererin vor der ganzen Stadt bloßstellen würde. Diese Schande kann ich nicht ertragen.

Am 12. August 30 v. Chr. nehme ich mir mit 39 Jahren das Leben, indem ich eine giftige Schlange an meine Brust lege und auf den todbringenden Biss warte. Zu meiner Zeit sind Giftschlangen ein Symbol von Herrschaft und so sterbe ich, wie ich gelebt habe: als große Pharaonin.

Ich war die mächtigste und zugleich letzte Herrscherin des Alten Ägypten.

„ICH WERDE NICHT TRIUMPHIERT WERDEN!"

SCHICK DIR GRÜSSE IN DIE ZUKUNFT!

Die Archäologie ist eine Wissenschaft, die sich wörtlich übersetzt mit dem beschäftigt, was alt ist. Ein Teil der Arbeit von Archäolog*innen ist es, in der Erde zu graben und alte Gegenstände, wie etwa Knochen, Steine oder Glasscherben, zu finden, die ihnen etwas über die Vergangenheit erzählen können.

Trete deine ganz eigene Zeitreise an und sende einen Gruß an dein zukünftiges Ich!

Was du dafür brauchst:

- eine (luftdicht verschließbare) Metallbox oder Blechdose
- etwas zum Schreiben (Stifte, Papier, Umschläge)
- ein Lieblingsding von dir
- etwas Spezifisches für die heutige Zeit
- eine aktuelle Tageszeitung
- und was du sonst noch in ein paar Jahren finden willst ;-)

Zuerst überlege dir den Zeitraum, über den du deine Zeitkapsel verstecken willst. Sollen es fünf oder zehn oder sogar mehr Jahre sein? Bereite einen Fragebogen für deine Eltern/Geschwister/Freund*innen vor mit den Fragen:

- Wo siehst du mich in fünf/zehn/x Jahren? (Die Jahreszahl musst du natürlich daran anpassen, wie lange du die Zeitkapsel verstecken willst.)
- Wo siehst du dich zu diesem Zeitpunkt?
- Wo siehst du uns zusammen zu diesem Zeitpunkt?

Natürlich kannst du auch noch weitere oder ganz andere Fragen stellen!

Außerdem solltest du dir unbedingt auch noch selbst einen Brief schreiben, in dem du erzählst, was dich gerade bewegt, was du so machst, was um dich herum passiert, aber auch, wie du dir heute dein zukünftiges Ich vorstellst.

Leg die Fragebögen, deinen Brief und all die anderen Dinge, die du dir ausgesucht hast (Zeitschrift, Spielzeug, T-Shirt usw.), in die Box und verschließe sie gut.

Ist es eine luftdichte Zeitkapsel, kannst du sie vergraben, am besten im eigenen Garten oder in einem Park. Aber merk dir unbedingt, wo du sie vergraben hast! Mal dir eine Schatzkarte, mach ein Foto, notier dir die Geodaten.

Wenn du die Zeitkapsel nicht vergraben kannst, bitte deine Eltern oder Geschwister, sie für dich zu verstecken, z.B. auf dem Dachboden oder im (trockenen) Keller. Aber auch sie sollten sich notieren, wo sie die Box versteckt haben. Bewahre die Schatzkarte oder den Zettel gut auf.

In fünf, zehn oder mehr Jahren buddelst du deine Zeitkapsel aus oder bläst die Staubschicht vom Deckel und staunst über den Inhalt!

Übrigens: So eine Zeitkapsel ist auch ein witziges Geschenk.

MC MARY KOM

GEBOREN AM 1. MÄRZ 1983

Eigentlich heiße ich Mangte Chungneijang Merykom, werde aber als MC Mary Kom berühmt. Am 1. März 1983 werde ich in Kangathei, im indischen Bundesstaat Manipur, geboren. Wir gehören zum alten indischen Volksstamm der „Kom" oder „Kakom kom naga", wie wir selbst gerne sagen. Meine Familie ist, wie fast alle, die in dieser Region leben, sehr arm. Gemeinsam mit meinen Eltern und jüngeren Geschwistern arbeite ich auf den Feldern.

Weil meine Familie sehr gläubig ist, besuche ich eine katholische Schule in der nahegelegenen Kleinstadt Moirang. Neben den normalen Schulfächern belege ich auch Leichtathletik. Besonders gut bin ich im Speerwerfen und 400-Meter-Lauf. Aber auch Volleyball und Fußball spiele ich gerne.

Ich bin 15 Jahre alt, als Dingko Singh – der wie ich aus Manipur stammt – die Goldmedaille bei den Asiatischen Boxmeisterschaften in Bangkok gewinnt. Meine Freund*innen und ich wollen ab sofort auch Boxmeister*innen werden. Ich wechsle von Leichtathletik zu Boxen und beginne mein Training an der Sport-Akademie. Dafür muss ich aber meinen Heimatort und meine Familie verlassen und nach Imphal ziehen, in die Hauptstadt von Manipur. Ich strenge mich sehr an und arbeite hart. Frauen haben es in diesem Sport nicht leicht. Die Grundlagen des Boxens habe ich schnell gelernt und werde bald von einem angesehenen Box-Coach trainiert.

Vor meinem Vater muss ich meine neue Leidenschaft trotzdem geheim halten. Obwohl er in seiner Jugend selbst begeisterter Wrestler war, ist er überzeugt, dass meine Chancen am Heiratsmarkt sinken, wenn mein Gesicht beim Boxen verletzt werden würde. Mit 17 Jahren gewinne ich die Staatsmeisterschaften und mein Vater entdeckt mich auf einem Foto in der Zeitung. Das gibt großen Ärger. Auch die Abschlussprüfungen an der Schule schaffe ich nicht. Zum Lernen habe ich keine Zeit, ich möchte boxen! Später werde ich den Schulabschluss aber in einer Abendschule nachholen.

Auf meinem Weg zu den Nationalmeisterschaften im Punjab wird mein Gepäck gestohlen. Ich bin verzweifelt, lerne aber einen sehr netten jungen Mann kennen: Karung Onkholer, aber alle nennen ihn Onler. Er hilft mir und später fragt er, ob er mich wiedersehen kann. Ich bin 21, als wir heiraten. Ich habe schon viele Preise und acht Goldmedaillen gewonnen, als ich mit 24 meine Zwillingssöhne zur Welt bringe und eine kurze Auszeit vom Boxen nehme. Die Medien prophezeien, dass damit das Ende meiner Karriere besiegelt sei. Aber ich werde ihnen beweisen, wozu ich fähig bin!

„ICH VERLASSE MICH NICHT NUR AUF MEINE TECHNIK ODER MEINE KRAFT, SONDERN VOR ALLEM AUF MEINEN GEIST."

Mit der Unterstützung meiner Familie (meine Eltern sind mittlerweile sehr stolz auf mich und schauen alle meine Kämpfe im Fernsehen an) trainiere ich jeden Tag viele Stunden, um meinen Körper, meine Ausdauer und Kraft wieder aufzubauen. Mit 25 Jahren feiere ich mein großes Comeback und gewinne die Silbermedaille bei den Asiatischen Frauen-Boxmeisterschaften in Indien, gefolgt von zwei Goldmedaillen. 2013 – sechs Goldmedaillen später – bringe ich mit 30 Jahren meinen dritten Sohn zur Welt.

Ich bin die erste indische Boxerin, die sich für die Olympischen Sommerspiele qualifizieren kann und Bronze gewinnt. Ich führe die Liste der Frauen in der Kategorie Leicht-Fliegengewicht der „International Boxing Association" als Nummer 1 an. Als erste Frau gewinne ich die Weltmeisterschaften im Amateurboxen sechs Mal. Ich bin außerdem die einzige Boxerin weltweit, die in jeder der sieben Weltmeisterschaften eine Medaille erobert, und die erste Boxerin, die acht Weltmeisterschaftsmedaillen gewinnt – das hat auch noch kein Mann vor mir geschafft!

Für meine außergewöhnlichen Leistungen erhalte ich viele nationale und internationale Preise und Ehrungen. Mit 33 Jahren werde ich 2016 vom indischen Präsidenten als Mitglied des Bundesrats in das indische Parlament aufgenommen. Vier Jahre später erhalte ich den zweithöchsten indischen Zivilorden.

In meiner Autobiografie „Unbreakable", auf Deutsch „Unzerstörbar", schreibe ich über mein Leben, meine Liebe zum Boxen, über meine Familie und die Hürden, die ich auf meinem Weg zur Boxlegende, die ich heute bin, bewältigen musste. 2014 wird mein Buch unter dem Namen „Mary Kom" verfilmt.

ALS TIERRECHTSAKTIVISTIN UNTERSTÜTZT SIE DIE TIERSCHUTZORGANISATION PETA IN IHREM KAMPF, ZIRKUSTIEREN IHRE FREIHEIT ZURÜCKZUGEBEN.

Ich bin mit meinen sechs Weltmeistertiteln die bislang erfolgreichste Boxerin in der Geschichte des Sports.

AUF DIE PLÄTZE, FERTIG, LOS!

Gibt es einen Sport oder eine Sportart, die du besonders gerne machst? Zum Beispiel Laufen? Nimm dir ein Ziel vor, das du innerhalb einer Woche realistisch erreichen kannst (z.B. 100 Meter in 20 Sekunden laufen). Beginne am Montag und steigere dich bis Sonntag täglich. Notiere hier deine Ergebnisse. Schaffst du es, dein Ziel zu erreichen?

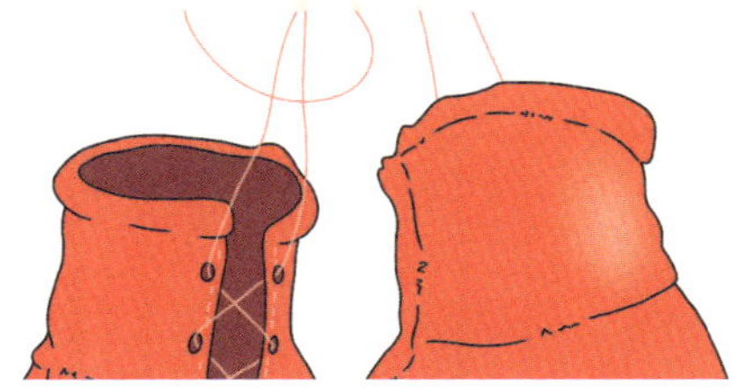

MEINE ERGEBNISSE:

MONTAG: ....

....

DIENSTAG: ....

....

MITTWOCH: ....

....

DONNERSTAG: ....

....

FREITAG: ....

....

SAMSTAG: ....

....

SONNTAG: ....

....

COCO CHANEL

19. AUGUST 1883 – 10. JÄNNER 1971

an nennt mich Coco, aber eigentlich heiße ich Gabrielle Chasnel. Ich komme am 19. August 1883 in einem Armenhaus in Saumur, im Westen Frankreichs, zur Welt. Mein Vater ist Straßenhändler und meine Mutter Wäscherin. Ich habe fünf Geschwister.

„DIE MUTIGSTE TAT IST, SELBST ZU DENKEN, UND ZWAR LAUT."

Ich bin zwölf Jahre alt, als meine Mutter an Tuberkulose stirbt. Meine ältere Schwester und ich kommen in ein von Nonnen geführtes Waisenhaus. Die nächsten sieben Jahre sind einsam und hart. Am Vormittag werden wir unterrichtet, am Nachmittag sticken und nähen wir in den Werkräumen. Die Nächte verbringen wir in einem ungeheizten Schlafsaal. Meinen Vater sehe ich nie wieder.

Um meine Jugend ranken sich viele Legenden, zu deren Entstehung ich selbst beigetragen habe, wie ich ein wenig stolz zugeben muss. Was aber so ziemlich stimmt, ist, dass ich mit 20 Jahren tagsüber als Verkäuferin arbeite und nachts private Aufträge als Schneiderin annehme. Um mir etwas dazuzuverdienen, trete ich im Grand Café und im Varieté Rotonde, einem kleinen Theater mit einem bunten, abwechslungsreichen Programm, auf. Am liebsten singe ich die Lieder „Qui qu'a vu Coco?" (zu Deutsch: „Wer hat Coco gesehen?") und „Ko-Ko-Ri-Ko".
Im Publikum sitzen vor allem männliche Offiziere, die mich bald nur mehr „Coco" nennen.

Ich bin 23, als ich in einer Badeanstalt den einflussreichen Erben Étienne Balsan kennenlerne. Für seine Familie bin ich viel zu arm und unbedeutend, deswegen müssen wir unsere Beziehung geheim halten. Ich habe Glück, dass seine Freund*innen genau wie er reich sind und nur das tun, was ihnen Spaß macht. So verbringen wir alle gemeinsam viel Zeit auf seinem Anwesen, wo ich reiten lerne, Sport treibe und nebenbei Kleidung nähe, die zu meinem neuen Lebensstil passt.

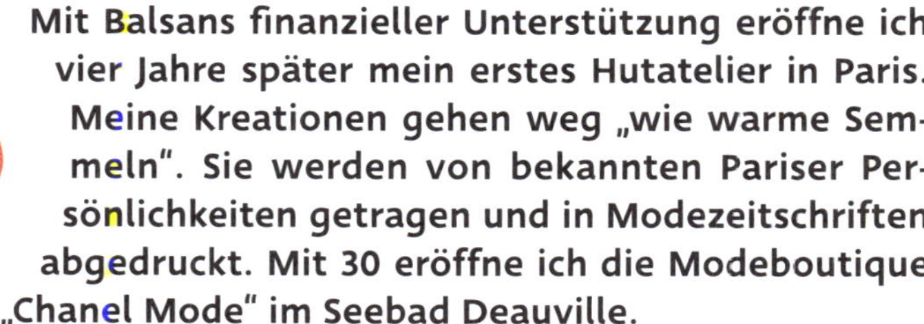

Mit Balsans finanzieller Unterstützung eröffne ich vier Jahre später mein erstes Hutatelier in Paris. Meine Kreationen gehen weg „wie warme Semmeln". Sie werden von bekannten Pariser Persönlichkeiten getragen und in Modezeitschriften abgedruckt. Mit 30 eröffne ich die Modeboutique „Chanel Mode" im Seebad Deauville.

Dort fällt mir auf, dass die Frauen sogar am Strand mit Hut und in ein Korsett geschnürt spazieren gehen. Ich hingegen möchte frei sein und auch genauso aussehen. Also entwerfe ich einfache und lockere Kleidung ohne Verzierungen aus einem Material, aus dem bis dahin nur Unterwäsche für Männer geschneidert wurde. Auch meine Arbeitsweise ist neu und ungewöhnlich: Ich stecke die Stoffe direkt am Körper meiner Kundinnen zusammen, so dass ich ihre natürlichen Formen und Bewegungen berücksichtigen kann.

IHRE MODE BEFREITE DIE FRAUEN IHRER GENERATION VON DEN GESELLSCHAFTLICHEN ZWÄNGEN DES KORSETTS.

35 Jahre, kurzes Haar, sonnengebräuntes Gesicht und Hosen statt Röcke: Für die damalige Zeit ist mein Auftreten revolutionär. Gemeinsam mit dem Parfümeur Ernest Beaux kreiere ich einen Duft, den es so noch nie gegeben hat. Als er mir mehrere Entwürfe für den Flakon – der Flasche, in der sich das Parfum befinden soll – vorlegt, entscheide ich mich für die Nummer 5. Danach ist auch die Frage, wie das Parfum heißen soll, für mich leicht zu beantworten: „Ich stelle meine Kollektion aus 5 Kleidern am 5. Mai vor, dem 5. Monat des Jahres, wir geben dem Parfum also seine Musternummer als Namen, und diese Nummer 5 wird ihm Glück bringen." 1921 wird das Parfum „Chanel N°5" in all meinen Boutiquen verkauft. Bis heute ist es das meistverkaufte Parfum der Welt.

Freiheit, Unabhängigkeit, Geschlechtergrenzen abschaffen: Ich habe vor nichts Angst! Ich bin 47 Jahre alt, trage Hosen und Matrosenshirts, die kurzen Haare wehen im

Wind. Ich mache schon lange nichts mehr so wie die anderen. 1931 reise ich nach Hollywood, um amerikanische Schauspielerinnen einzukleiden. Gute Werbung für meine Mode, denn alle wollen so aussehen wie die Frauen auf der großen Leinwand. Mein Haute-Couture-Haus (Haute Couture bedeutet: maßgeschneiderte Modekreationen aus luxuriösen Materialien) in Paris erstreckt sich über fünf Gebäude und beschäftigt 4.000 Arbeiterinnen.

Doch dann bricht der Zweite Weltkrieg aus und ich schließe mein Modehaus, um zunächst bei einer Freundin in den Pyrenäen und schließlich in der Schweiz zu leben. Erst nach Kriegsende, als 1947 Christian Dior und seine neue Silhouette (der Umriss oder die äußere Form eines Kleides) namens „New Look" für Aufsehen sorgt, kehre ich nach Paris zurück. Dieser Kerl will die Frauen doch tatsächlich wieder in die Zeit des steifen Korsetts zurückkatapultieren. Das lasse ich nicht zu!

Im Alter von 88 Jahren, im Jahr 1971, sterbe ich, Mademoiselle Chanel, in meiner Wohnung im Hotel Ritz mit den Worten: „Sehen Sie, so ist das, wenn man stirbt."

Ich wurde zu einer der bedeutendsten Modeschöpferinnen des 20. Jahrhunderts.

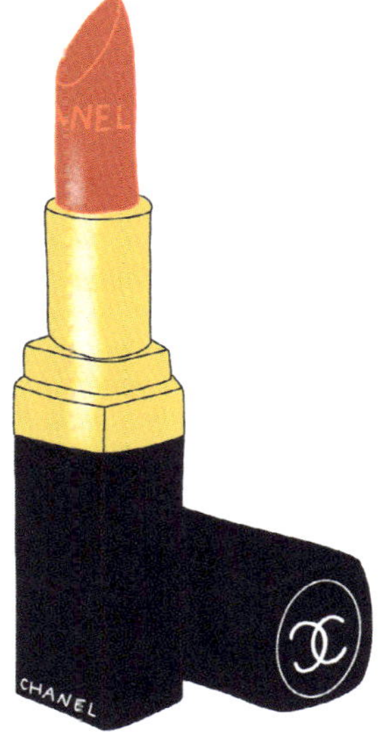

DER TWEEDSTOFF FÜR IHR BERÜHMTES CHANEL-KOSTÜM KOMMT AUS DER HERRENMODE, DAS STEPPMUSTER IHRER HANDTASCHEN VON DEN JACKEN DER JOCKEYS AUF DER PFERDERENNBAHN.

WIE RIECHT DEINE WELT?

Jeden Tag trifft deine Nase auf die verschiedensten Düfte. Einige sind angenehm, andere eher abstoßend. Das Gleiche gilt auch für Parfum. Eigentlich besteht es aus „guten" Gerüchen. Aber jeder Mensch hat ein anderes Empfinden dafür, welche Düfte „gut" sind oder eben nicht. Stell dir vor, du könntest dein eigenes Parfum kreieren. Wie würde es riechen? Nach Dingen, die du gerne hast? Zum Beispiel einem gemütlichen Sonntagmorgen? Nach dem Kopfkissen deiner Mutter? So wie deine Katze hinter den Ohren? Riech an den Dingen in deiner Welt: Wonach duften sie?

Notiere hier alle Düfte, die du gerne riechst oder die in deinem Parfum vorkommen sollen. Sammle gerne auch Blüten und Blätter, deren Geruch du magst, presse sie zwischen diesen Seiten und klebe sie ein.

Welchen Namen würdest du deinem Parfum geben? Wenn du möchtest, überlege dir auch, wie der Flakon aussehen könnte.

NAME DES PARFUMS:

....

....

AUSSEHEN DES FLAKONS:

TEMPLE GRANDIN

GEBOREN AM 29. JÄNNER 1947

Mein Name ist Mary Temple Grandin. Ich werde am 29. August 1947 in Boston, USA, geboren. Mit sechs Monaten mache ich mich in den Armen meiner Mutter ganz steif. Mit zehn Monaten kratze ich wie ein gefangenes Tier. Als ich zwei Jahre alt bin, wird bei mir ein „Hirnschaden" diagnostiziert. So nennen es damals zumindest die Ärzte, zu denen meine Eltern gehen. Heute würde man sagen, dass ich an einer Form von Autismus leide. Das heißt, dass ich in meiner Welt alles sehr stark wahrnehme. Jedes Geräusch ist unerträglich laut, Gerüche überwältigen mich fast. Erst mit drei Jahren beginne ich langsam, zu sprechen. Ich habe oft heftige Wutanfälle, kann aber auch stundenlang still dasitzen und mich auf eine Kleinigkeit, wie zum Beispiel ein Sandkorn am Strand, konzentrieren.

Im Krankenhaus wird meinen Eltern geraten, mich in ein Heim zu geben. Aber meine Eltern nehmen sich stattdessen viel Zeit für mich und achten genau darauf, was ich gerne mag und mache. Ich bekomme einen Platz in einem heilpädagogischen Kindergarten, zur damaligen Zeit eine sehr ungewöhnliche Einrichtung. Eine Nanny (Kinderbetreuerin) hilft mir dabei, mit den anderen Kindern zu spielen und zu sprechen. Ich muss meine eigene Muttersprache wie eine Fremdsprache lernen. Das fällt mir schwer, genauso wie der Umgang mit fremden Menschen. Meine Mutter ist mir hier aber eine große Hilfe. Sie zeigt mir, wie man jemandem die Hand gibt, dass man dem anderen dabei in die Augen schaut, und viele solche Dinge.

„ICH BIN ANDERS, NICHT WENIGER."

Ich besuche eine Privatschule, wo sich die Schüler*innen oft über mich lustig machen. Sie ziehen mich wegen meiner lauten Stimme auf und sagen, dass ich komisch bin. Bei meinen Pferden fühle ich mich viel wohler. Die Kinder, die ich dort treffe, sind nett zu mir, weil sie auch gerne Pferde mögen. Ich interessiere mich aber auch für Modellbau-Raketen und Elektronik.

„WENN ICH MIT DEN FINGERN SCHNIPPEN KÖNNTE UND NICHT AUTISTISCH WÄRE, WÜRDE ICH ES NICHT TUN. AUTISMUS IST EIN TEIL VON DEM, WAS ICH BIN."

Ich bin acht Jahre alt und beobachte auf der Ranch meiner Tante eine Herde von Rindern, die in einer Pressmaschine stehen, damit sie geimpft werden können. Ich bin völlig fasziniert. Zuerst denke ich, dass die Rinder panisch werden, wenn sie so in die Zange genommen werden. Aber im Gegenteil, sie werden plötzlich ganz ruhig. Ich krieche selbst in die Maschine, fühle den Druck und merke, dass es auch bei mir wirkt. Zurück im Internat baue ich mir meine eigene Maschine aus gepolstertem Holz: „the big squeeze" nenne ich sie – die feste Umarmung. Dank dieser Maschine, und den Pferden, überlebe ich die Pubertät.

Im Alter von 20 Jahren lerne ich Tag und Nacht für meine Mathematik-Abschlussprüfung am College. Algebra fällt den meisten Kindern mit Autismus-Spektrum-Störung, Legasthenie oder anderen Lernproblemen sehr schwer. Mein Gehirn funktioniert wie die Bildersuche auf Google. Wenn andere an eine Kirche denken, dann sehen sie eine Art Prototyp vor sich, einen Umriss, der jede x-beliebige Kirche sein könnte. Ich hingegen sehe eine ganz spezifische Kirche mit allen Details vor mir, präzise, wie auf einer Fotografie. Das ist so, weil ich meine Umwelt sehr genau beobachte und mir alles, was mir auffällt, merke: Farben, Strukturen, Veränderungen des Lichts, Gerüche und Geräusche. Tiere denken ähnlich. Deshalb verstehe ich sie so gut.

Nach meinem Abschluss studiere ich experimentelle Psychologie an der Universität von Illinois und schreibe meine Doktorarbeit im Fach Tierwissenschaften. Ich bin 43, unterrichte an der Universität von Colorado und bin weltweite Expertin für das Verhalten von Nutztieren. Auf allen Kontinenten besuche ich Schlachthöfe, vor allem aber in den USA, Kanada und Europa. Ich baue

und entwerfe Viehhaltungs- und Transportanlagen, die ich das „Grandin Livestock Handling System" nenne. Sie sollen das Leben von Nutzvieh so angenehm und stressfrei wie möglich machen. Am wichtigsten ist mir aber, dass die Menschen lernen müssen, Tiere besser zu beobachten: Was macht sie nervös? Auf was reagieren sie? Ähnlich, wie es meine Eltern damals bei mir gemacht haben.

Ich möchte die fleischverarbeitende Industrie reformieren. Ein ganz besonderer Erfolg ist meine Zusammenarbeit mit McDonald's, Burger King und Wendy's. Gemeinsam mit diesen Fastfood-Ketten entwickle ich, den Standards der Tierschutzrichtlinien entsprechend, ein System, das Nutztieren ein artgerechtes Leben ermöglicht.

EIN PROZENT ALLER ACHTJÄHRIGEN IN DEN USA LEIDEN AN EINER AUTISMUS-SPEKTRUM-STÖRUNG. DAMIT SIND NEUN VON 1.000 KINDERN BETROFFEN – JUNGEN SEHR VIEL HÄUFIGER ALS MÄDCHEN.

2022 bin ich seit 75 Jahren auf der Welt und kämpfe immer noch dafür, die Menschen über Autismus und Tierschutz aufzuklären. Ich will aber nicht nur Reden schwingen, ich will vor allem etwas tun. Tatsächlich etwas verändern.

Ich bin seit über 40 Jahren die weltweit führende Spezialistin für den Entwurf von Tierhaltungsanlagen, Autistin und stolz darauf, anders zu sein.

WIE FÜHLT ES SICH AN?

Für Menschen mit Autismus-Spektrum-Störung kann die Welt ein furchteinflößender Ort sein: Autos dröhnen so laut wie Schlagbohrer, Zimmerlampen sind hell wie Scheinwerfer, bestimmte Stoffe lösen ein Brennen auf der Haut aus. Und bei Veränderung fühlt es sich an, als würde die Welt untergehen. Autistische Kinder entdecken gerne mit ihren Sinnen: durch Riechen, Tasten oder indem sie etwas stundenlang beobachten, zum Beispiel eine Waschmaschine oder eine Ampel.

Versuche einmal, dich in einen solchen Menschen hineinzuversetzen. Wie fühlt es sich an, wenn du ganz genau auf das Tropfen des Wasserhahns hörst? Was geschieht mit dir, wenn du zehn Minuten lang einem Bagger auf der Baustelle zusiehst oder dich zwischen zwei Radios setzt, die auf unterschiedlichen Sendern spielen?

WAS FÜHLST DU, WENN …

… du das Burgerbild auf der linken Seite bis ins allerkleinste Detail studierst?

……………………………………………………………………

……………………………………………………………………

……………………………………………………………………

… du dich zwischen zwei Radios setzt, die laut auf unterschiedlichen Sendern spielen?

……………………………………………………………………

……………………………………………………………………

……………………………………………………………………

… du einen Wollpullover trägst, der dich juckt und kratzt?

……………………………………………………………………

……………………………………………………………………

……………………………………………………………………

KATHARINA KRÖSL

GEBOREN 1985

Ich heiße Katharina Krösl und werde 1985 in Wien geboren. Ich bin vier Jahre alt und liebe nicht nur Barbie-Puppen, sondern auch Computerspiele. Gemeinsam mit meinem großen Bruder verbringe ich endlose Stunden damit, vor dem Fernseher zu sitzen und auf der Nintendo-Konsole Mario Cart zu zocken. In der Schule interessiere ich mich immer mehr für Informatik und studiere später Computerwissenschaften an der Technischen Universität Wien. Vielleicht werde ich irgendwann sogar selbst einmal Spiele entwickeln. Während meines Doktoratsstudiums arbeite ich nebenher ein paar Stunden die Woche in einem kleinen Spielestudio, das Virtual-Reality-Spiele entwickelt. Selbst Computerspiele zu programmieren, macht mir riesigen Spaß und die Dinge, die ich dabei lerne, werden auch für meine spätere Forschung sehr hilfreich sein.

Ich bin 30 und arbeite neben meinem Doktoratsstudium als Informatikerin am VRVis, einem Forschungszentrum für Virtual Reality und Visualisierung. Das sind beides Techniken, die man auch in der Entwicklung von Computerspielen nutzt. In den Simulationen, die ich entwerfe, geht es aber nicht ums Punkte sammeln, sondern um Barrierefreiheit. Das mag ich besonders an meinem Beruf „Forscherin": Er ist abwechslungsreich und spannend. Ich lerne ständig neue Dinge und kann mit meinen Technologien und Lösungen Menschen helfen. Am liebsten arbeite ich an Projekten, die verschiedene Aufgabenfelder wie Medizin, Psychologie, Architektur, Raumplanung oder Lichtdesign miteinander verbinden. Besonders gefällt es mir, wenn ich dabei auch noch das Leben von Menschen verbessern kann. Am besten auf spielerische Art und Weise, zum Beispiel als Virtual-Reality-Konzentrationsspiel für Kinder mit Konzentrationsschwächen wie ADHS. Das ist kurz für Aufmerksamkeitsdefizit-Hyperaktivitätsstörung und äußert sich meist durch Unaufmerksamkeit, Impulsivität oder Hyperaktivität.

Mit 32 gründe ich gemeinsam mit Kolleginnen die „IEEE Women in Engineering Austria". Dieses Netzwerk unterstützt Frauen in der Technik

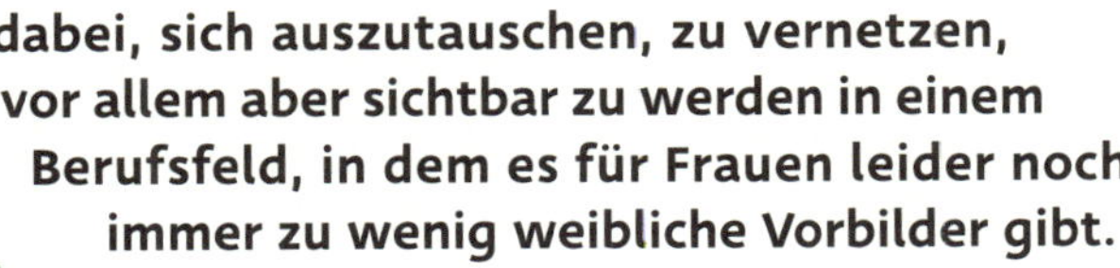

dabei, sich auszutauschen, zu vernetzen, vor allem aber sichtbar zu werden in einem Berufsfeld, in dem es für Frauen leider noch immer zu wenig weibliche Vorbilder gibt.

Als Informatikerin leite ich heute Projekte mit Teams mit mehreren Mitarbeiterinnen und Mitarbeitern, fliege um die halbe Welt, um Vorträge auf internationalen Konferenzen zu halten und unterrichte auf der Technischen Universität.

Weibliche Vorbilder in der Informatik hatte ich eigentlich nie, aber wenn ich überlege, wer meinen Werdegang beeinflusst hat, dann fällt mir sofort meine Informatiklehrerin aus der Schule ein. Anna K. war eine sehr junge und engagierte Lehrerin, die neben ihrem Hauptfach – ich glaube das war Geografie – auch das Wahlpflichtfach Informatik unterrichtet hat. Sie hatte nicht Informatik studiert, aber wohl eine Zusatzausbildung gemacht, um uns in diesem Fach zu unterrichten. Anna war kein Nerd, wie man sich informatikbegeisterte Menschen oft vorstellt. Sie war auch keine weltbekannte Technikerin. Damit sie uns im Unterricht jede Woche neue, spannende Dinge beibringen konnte, war sie ständig selbst am Lernen. Immer wieder hat sie uns dabei vor neue Herausforderungen gestellt, uns beigebracht, wie man eine Homepage erstellt, ein Programm schreibt, das eine kleine virtuelle Schildkröte durch ein Labyrinth laufen lässt, oder eine Taschenrechner-App programmiert. Diese motivierte junge Frau hat mir gezeigt, dass Informatik nicht nur etwas für Jungen ist und dass man kein Technik-Freak sein muss, um programmieren zu lernen. Ihre Begeisterung für Informatik hat mich angesteckt und schließlich habe ich sogar bei ihr in Informatik maturiert. Durch Anna ist mir überhaupt erst klar geworden, dass ein Informatikstudium für mich in Frage kommt.

Wer hätte gedacht, dass aus dem Mädchen mit der 35 Stück zählenden Barbie-Puppen-Sammlung einmal eine Technikerin werden könnte? Naja, ich glaube Anna hat sich das gedacht. :-)

ROSA LUXEMBURG

5. MÄRZ 1871 – 15. JÄNNER 1919

Gestatten, mein Name ist Rozalia Luksenburg, in die Geschichte eingehen werde ich aber unter dem Namen Rosa Luxemburg. Rosa, weil es kürzer ist, und Luxemburg habe ich einem Schreibfehler der Behörden zu verdanken. Geboren werde ich am 5. März 1871 in Zamość, das liegt in dem damals von Russland besetzten Teil Polens. Mein Vater ist Holzhändler und gemeinsam mit meiner Mutter und meinen vier Geschwistern ziehen wir zwei Jahre nach meiner Geburt in die polnische Hauptstadt Warschau. Meine Eltern hoffen, dass meine Schwestern und ich dort eine bessere Ausbildung bekommen.

„FREIHEIT IST IMMER DIE FREIHEIT DER ANDERSDENKENDEN, SICH ZU ÄUSSERN."

Mit vier Jahren habe ich ständig starke Schmerzen in der Hüfte. Die Ärzte stellen eine falsche Diagnose und durch ihre Behandlungen werde ich ein Leben lang hinken. Außerdem darf ich fast ein ganzes Jahr lang mein Bett nicht verlassen. Ich versuche das Beste daraus zu machen und lerne Lesen und Schreiben. Ich liebe Sprachen über alles und kann bald fließend Deutsch, Polnisch, Russisch, Französisch, Latein und Altgriechisch. Mit neun Jahren übersetze ich bereits deutsche Geschichtstexte ins Polnische, schreibe Gedichte und Novellen, also kurze Erzählungen.

Ich bin 13 Jahre alt und komme in ein Frauengymnasium in Warschau. Dort wird ausschließlich Russisch gesprochen und nur in Ausnahmefällen werden polnische, noch seltener jüdische Mädchen – wie ich eines bin – aufgenommen. Ich interessiere mich für Politik und trete bald einer geheimen Gruppe bei, die sich gegen die russische Regierung wendet und die Schriften des einflussreichen deutschen Philosophen Karl Marx vertritt. Das sind beides schwere politische Vergehen und nach meinen Abschlussprüfungen an der Schule muss ich deshalb sogar vor der Zarenpolizei in die Schweiz flüchten.

Gerade einmal 18 Jahre alt, lebe ich allein in Zürich. Dort gibt es die einzige Universität im ganzen deutschsprachigen Raum, an der zu dieser Zeit auch Frauen studieren

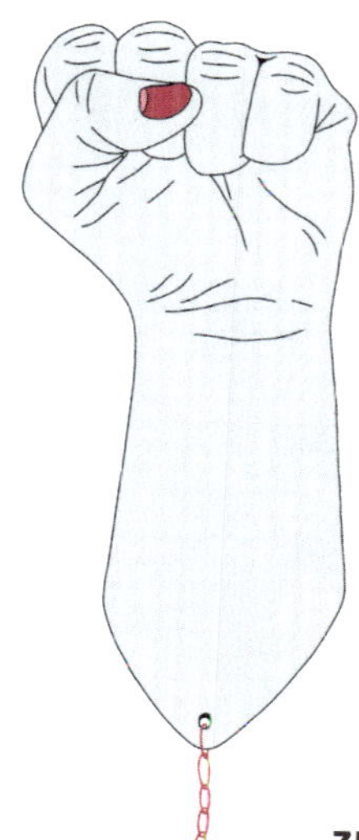

dürfen. Ich belege Fächer wie Philosophie, Mathematik, Botanik, Zoologie, Rechts- und Staatswissenschaften. Außerdem freunde ich mich bald mit anderen politischen Flüchtlingen aus Deutschland, Polen und Russland an.

Ich bin 20 Jahre alt und verliebe mich in den Polen Leo Jogiches. Wir leben zusammen und engagieren uns für den Marxismus: eine politische Denkweise, die Gleichheit und Soziales zum Ziel hat. Gemeinsam gründen wir die Zeitschrift „Sprawa Robotnicza" (zu Deutsch: „Arbeitersache"). Darin rufen wir unter anderem dazu auf, die Wirtschaftsordnung des Kapitalismus, die auf Eigentum und Konsum beruht, und die Staatsform der Monarchie, also den König als Staatsoberhaupt, in ganz Europa zu stürzen.

Mit 27 heirate ich, allerdings nicht Leo, sondern den Sohn meiner Schweizer Gastfamilie, mit dem ich nach Berlin ziehe, um die deutsche Staatsbürgerschaft zu erhalten. Ich engagiere mich in der SPD („Sozialistische Partei Deutschland") und arbeite als Chefredakteurin bei der Sächsischen Arbeiterzeitung. Mit der Zeit werde ich auch über die Grenzen Deutschlands hinweg bekannt und gelte als scharfzüngige und intelligente Frau. Damit mache ich mir eine Menge Feinde. Ich bin 33, als ich deshalb das erste Mal für mehrere Monate ins Gefängnis muss.

MIT 33 JAHREN SASS SIE DAS ERSTE MAL IM GEFÄNGNIS.

Im Jahr 1914 bricht der Erste Weltkrieg aus. Ich sitze wieder einmal im Gefängnis, weil ich dazu aufgerufen habe, den Kriegsdienst zu verweigern. Ich schaffe es, ein paar Briefe nach draußen zu schmuggeln und sie in Zeitungen zu veröffentlichen. In den folgenden Jahren werde ich immer wieder für meine Artikel und Überzeugungen hinter Gitter gebracht. Endlich, ich bin mittlerweile 47 Jahre alt, werde ich zurück in die Freiheit entlassen. Natürlich mache ich mich sofort auf den Weg nach Berlin, um einen Zeitungsartikel zu veröffentlichen, in dem ich Straferlass für alle politischen Gefangenen und die Abschaffung der Todesstrafe fordere.

Ich bin Mitbegründerin des „Spartakusbundes", der später als KPD („Kommunistische Partei Deutschlands") bekannt wird. Der „Spartakusaufstand" im Jänner 1919 macht mich zur Regierungsfeindin und aus Angst um mein Leben muss ich mich versteckt halten. Doch allen Versuchen zum Trotz werde ich am 15. Jänner 1919 in der Wohnung eines Freundes entdeckt und ermordet.

An meiner Beerdigung nehmen rund eine Million Menschen teil. Mein Todestag ist heute ein Gedenktag der Sozialist*innen. Das sind Anhänger*innen jener Bewegung, für die ich mich mein Leben lang eingesetzt habe. Denn Sozialismus ist eine politische Lehre, die Gleichheit und Solidarität aller Menschen betont. Als durch die Industrialisierung im 19. Jahrhundert immer mehr Arbeit von Maschinen übernommen wurde, gab es viel Armut und Elend unter den Arbeiter*innen. Der Sozialismus fordert deshalb bis heute die Befreiung der Arbeiterklasse aus Armut und Unterdrückung.

Ich war eine der einflussreichsten Frauen in der Geschichte Europas.

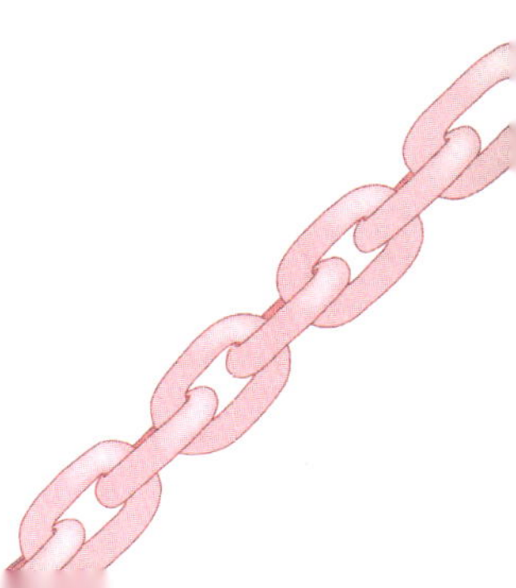

WAS BEDEUTET FREIHEIT FÜR DICH?

Freiheit bedeutet, dass ein Mensch tun kann, was er will. Schon seit vielen hundert Jahren streiten die Menschen sich, ob Freiheit für alle Menschen gelten soll oder nur für einige. Sklav*innen zum Beispiel sind immer unfrei. Daher betrifft Freiheit auch und vor allem die Politik. Die Idee der Menschenrechte sagt, dass die Menschen frei sein sollen. Sie sollen selbst darüber entscheiden dürfen, wo sie wohnen, welchen Beruf sie haben, an welchen Gott sie glauben und so weiter. Rosa Luxemburg war es dabei besonders wichtig, dass alle Menschen gleich viel wert sind. Denn wer arm ist und unterdrückt wird, der kann nicht frei sein, zu tun, was er gerne möchte.

Wie siehst du das? Was bedeutet Freiheit für dich? In deinem Leben? Im Leben deiner Eltern oder Freund*innen? Wie fühlt sich Freiheit an? Was braucht man, um frei zu sein? Geld? Familie? Nimm das Wort „Freiheit" in der Mitte der nächsten Seite als Ausgangspunkt oder schreibe es auf ein Blatt Papier und notiere dann alle Begriffe und Ideen drum herum, die dir dazu einfallen. So kannst du erkennen, was es für dich bedeutet, wenn du von Freiheit sprichst.

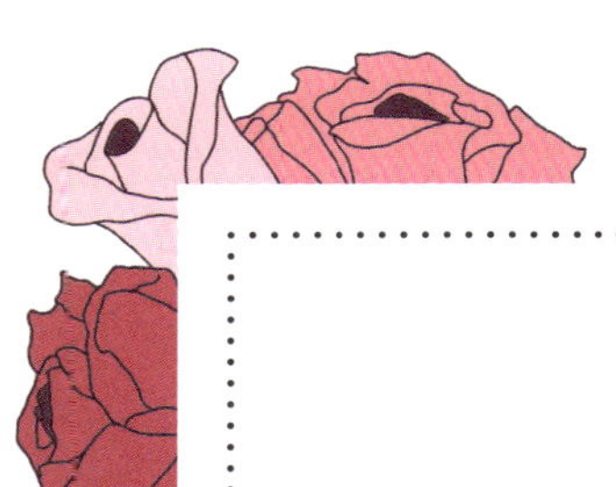

FREIHEIT

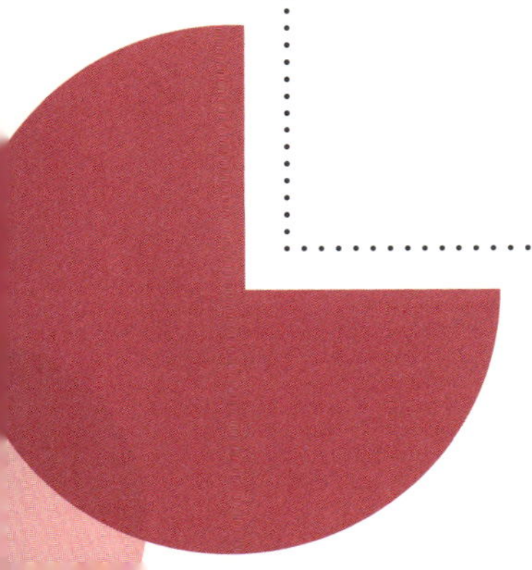

PINA BAUSCH

27. JULI 1940 – 30. JUNI 2009

ch bin das dritte Kind meiner Eltern und werde am 27. Juli 1940 als Philippine Bausch in Solingen, Deutschland, geboren. Ich werde von allen nur „Pina" gerufen und helfe, genau wie meine Geschwister, in der Hotelgaststätte meiner Eltern mit. Stundenlang schäle ich Kartoffeln, putze die Treppen, räume Zimmer auf. Am liebsten aber tanze und turne ich von früh bis spät durch alle Räume.

Im Alter von fünf Jahren darf ich endlich ins Theater zum Kinderballett. Die Tanzlehrerin ist von meiner Beweglichkeit ganz begeistert: „Du bist ja ein Schlangenmensch!", sagt sie. Ich weiß nicht, was das bedeutet, aber es klingt so, als ob es etwas ganz Tolles wäre. In einer ehemaligen Gärtnerei hinter der Gaststätte meiner Eltern steht ein altes verrostetes Treibhaus. Darin inszeniere ich, gemeinsam mit den Kindern aus der Nachbarschaft, meine ersten Aufführungen.

> **„ICH WOLLTE IMMER NUR TANZEN. ICH MUSSTE UND MUSSTE TANZEN. DAS WAR DIE SPRACHE, MIT DER ICH MICH AUSDRÜCKEN KONNTE."**

Ansonsten bin ich ein eher stilles Kind und liebe es, andere zu beobachten. Meine Eltern arbeiten viel und kümmern sich nicht wirklich um mich. Wenn es Abend wird und ich ins Bett gehen soll, verstecke ich mich unter den Tischen, von wo aus ich alles um mich herum genau sehen und hören kann: Freundschaft, Liebe, Streit. Vieles davon werde ich später in meinen Tanzstücken verarbeiten. Genauso wie die Erfahrungen des Krieges: das plötzliche Ausbrechen von Panik, Angst und Gefahr.

Schon mit sechs Jahren stehe ich das erste Mal auf der großen Theaterbühne. Ich mag es gern, alle Bewegungen sehr genau zu machen. Das meiste sieht das Publikum gar nicht, aber für mich ist es wichtig. Ich darf in vielen Opern, Operetten und Tanzabenden mitspielen. Meine Eltern sind sehr stolz auf mich, obwohl sie so viel arbeiten müssen, dass sie kaum eine meiner Aufführungen sehen.

Ich bin 14 und gehe zum Tanzstudium an die Folkwangschule nach Essen. Aus allen

Klassenräumen und in den Gängen hört man Texte, Töne und Melodien, es riecht nach Farbe und anderem Material. Jeder hat Interesse an der Arbeit des anderen, viele gemeinsame Projekte entstehen und ich lerne den Choreografen Kurt Jooss kennen.

Mit 18 Jahren schließe ich mein Studium mit Auszeichnung ab und reise, allein und ohne ein Wort Englisch zu können, dank eines Stipendiums in die USA. Nach acht Tagen auf hoher See komme ich endlich in New York an. Am Anfang ist es nicht leicht, sich in einer fremden Sprache und in einer unbekannten Großstadt zurechtzufinden, aber die Menschen sind unglaublich hilfsbereit. Ich bin wie berauscht von all den neuen Erfahrungen und beschließe, meinen Aufenthalt in den USA um ein Jahr zu verlängern. Das heißt sparen!

Gerade einmal 20 Jahre alt, werde ich an der Metropolitan Opera, die alle New Yorker*innen nur „Met" nennen, engagiert. Zwei Jahre später meldet sich mein ehemaliger Lehrer Kurt Jooss: Er hat eine neue Tanzkompanie, das „Folkwang-Ballett", und bittet mich, ihn zu unterstützen. Ich bin zurück in Deutschland, tanze, choreografiere und entwickle eigene Stücke. Mit 33 Jahren übernehme ich die Leitung des „Wuppertaler Balletts" und nenne es „Tanztheater Wuppertal".

MIT IHREM „TANZTHEATER WUPPERTAL" GAB SIE MEHR ALS 300 GASTSPIELE IN ÜBER 40 LÄNDERN.

Die ersten Jahre sind hart, denn meine Stücke sind neu und passen in keine Schublade. Einige der Tänzer*innen sind unglücklich, Zuschauer*innen buhen und stürmen Türe knallend aus den Vorstellungen. Die Presse schreibt verstörte Kritiken. Aber ich lasse mich nicht von meinem Weg und von meinen Ideen abbringen und arbeite immer weiter. Nach und nach beginnt die Welt mich und das „Tanztheater Wuppertal" zu verstehen. Und nicht nur das: Ich löse eine internationale choreografische Revolution aus, durch die Menschen auf der ganzen Welt einen völlig neuen Blick auf den Tanz und das Tanztheater werfen.

Ich bin 40, als mein langjähriger Lebens- und Arbeitspartner Rolf Borzik stirbt. Aber statt in Trauer zu versinken, mache ich weiter. Auf einer Gastreise in Santiago de Chile lerne ich Ronald Kay kennen und wir werden ein Paar. Nur ein Jahr später wird unser Sohn Rolf Salomon geboren.

„MICH INTERESSIERT NICHT, WIE DIE MENSCHEN SICH BEWEGEN, SONDERN WAS SIE BEWEGT."

Die Tänzer*innen in der Kompanie „Tanztheater Wuppertal" kommen aus verschiedenen Ländern und Kulturen. Wir inspirieren uns gegenseitig und lernen voneinander. Auch die Reisen und Gastspiele, zu denen wir auf der ganzen Welt eingeladen werden, bereichern unsere Arbeit. Die letzte Uraufführung findet zwei Wochen vor meinem Tod statt. Mit 69 Jahren endet am 30. Juni 2009 meine Lebensreise, auf der ich über 50 Choreografien entwickelt und dafür ebenso viele internationale Auszeichnungen erhalten habe.

Ich wurde zu einer der bedeutendsten Choreografinnen des 20. Jahrhunderts.

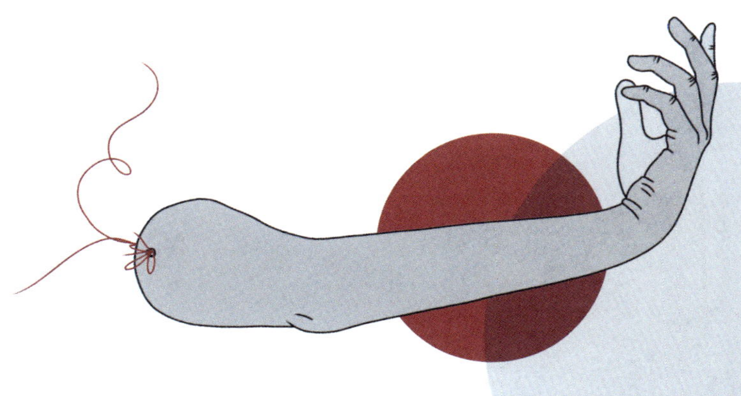

TANZ, WAS DU SPÜRST! WAS SPÜRST DU, WENN DU TANZT?

Der Rhythmus in der Musik bringt den menschlichen Körper beinahe automatisch dazu, sich zu bewegen. Das haben Menschen schon vor etwa zwei Millionen Jahren herausgefunden. Aber was, außer dem Rhythmus der Musik, könnte noch Bewegung in dir auslösen? Hast du schon einmal von „Ausdruckstanz" gehört? Dabei ist der ganze Körper im Einsatz, um eigene Erlebnisse oder Gefühle zu zeigen.

Probiere es aus: Schließ deine Augen und erinnere dich an einen Moment, in dem du sehr glücklich, traurig, gestresst oder wütend warst. Dann versuche, dieses Gefühl in verschiedenen Körperpositionen auszudrücken. Fühlt sich Glück besser an, wenn du hockst und dich klein machst oder dich voller Stolz streckst, mit den Armen hoch zum Himmel und einem Lächeln im Gesicht? Nutze deinen gesamten Körper und dein Gesicht, um verschiedene Emotionen im Tanz auszudrücken.

WIE TANZT DU DEIN GEFÜHL?

JEANNE D'ARC

6. JÄNNER 1412 – 30. MAI 1431

Man kennt und verehrt mich als Heilige Johanna von Orléans, Jungfrau von Orléans oder Jeanne la Pucelle. Aber geboren werde ich mit dem einfachen Namen Jeanne d'Arc am 6. Jänner 1412 als Tochter wohlhabender Bauern in einem kleinen Ort namens Domrémy, im Nordosten Frankreichs. Ich wachse als einfaches und gläubiges Mädchen auf. Zu dieser Zeit tobt gerade der Hundertjährige Krieg (1337-1453), in dem England versucht, Frankreich zu besetzen. Englische Truppen haben den Norden Frankreichs bereits komplett eingenommen. Das Ende unseres geliebten Landes scheint gekommen zu sein.

Ich bin 13 Jahre alt und höre Stimmen, die keinen Körper haben, und sehe Dinge, die nicht da sind. Mal erscheint mir der Erzengel Michael, mal ist es die heilige Katharina oder die heilige Margarete. Sie erteilen mir den Befehl, Frankreich von den Engländern zu befreien und Karl VII, den Thronerben Frankreichs, zum Thron zu führen.

Als 17-Jährige reite ich in Begleitung einer Eskorte zu Karl VII in den Westen Frankreichs. Nach elf Tagen Ritt durch Feindesland und dank eines Empfehlungsschreibens des Stadtkommandanten lässt man mich am französischen Königshof vorsprechen. Auf Befehl unseres Herrn, damit meine ich Gott, trage ich bereits Männerkleidung und Waffen. Vor Karl VII beschreibe ich mich selbst als Engel und erzähle, dass ich im Namen des Himmels geschickt worden bin.

SCHRIFTSTELLER WIE WILLIAM SHAKESPEARE, VOLTAIRE, BERTOLT BRECHT UND FRIEDRICH SCHILLER NAHMEN SICH IHRE GESCHICHTE ZUM VORBILD.

Drei Wochen lang lässt der Thronerbe meine Glaubwürdigkeit von Geistlichen und hochgestellten Persönlichkeiten prüfen und meine Jungfräulichkeit von Hofdamen untersuchen. Ich bestehe alle Tests. Sie fertigen eine Rüstung für mich an und stellen mir eine kleine militärische Einheit zur Seite. Mein erster

„ICH HABE KEINE ANGST, ICH WURDE GEBOREN, UM DAS ZU TUN."

Auftrag ist es, einen Proviantzug nach Orléans zu bringen. Nachdem wir die von feindlichen Soldaten eingeschlossene Stadt erfolgreich erreichen, lässt man mich wenige Tage später im weißen Harnisch, mit einer kleinen Streitaxt bewaffnet und auf einem schwarzen Kampfross sitzend, ein Heer von 10.000 Mann aufs Feld führen.

Im Kampf werde ich von einem Pfeil getroffen und vom Pferd geworfen. Aber ich bleibe am Feld bei meinen Mitstreitern und kämpfe weiter. Einen Tag später ziehen die Engländer ab und Orléans feiert am 8. Mai 1429 den Tag seiner Befreiung – und damit den Wendepunkt des gefühlt schon ewig dauernden Krieges. Danach brauchen die französischen Truppen unter meiner Führung nur noch wenige Monate, um alle Engländer aus dem südlichen Teil des Landes zu vertreiben.

Wie von mir vorausgesagt, wird Karl VII wenig später in der Kathedrale von Notre Dame zum französischen König gekrönt. Ich nehme, mit der Siegesfahne neben dem Altar stehend, an der Feier teil. Mein Ruhm erreicht seinen Höhepunkt. Aber ich bin überzeugt davon, noch mehr für mein Land tun zu können. Immer wieder bitte ich den König, mit meinen Truppen nach Paris vorstoßen zu dürfen. Doch der Befreiungsversuch misslingt und der König wendet sich von mir ab. Er will lieber Frieden schließen, anstatt zu kämpfen und die Engländer restlos vom Festland zu vertreiben.

Mir wird Verrat vorgeworfen und ich werde festgenommen. Nach zwei Fluchtversuchen und sieben Monaten in Gefangenschaft werde ich an die Engländer verkauft. Weitere fünf Monate verbringe ich eingesperrt in einem Burgturm. Ich bin 18 Jahre alt und mir wird, wie man sagt, der Prozess gemacht. Man wirft mir vor, abergläubisch zu sein und Verbrechen gegen die göttliche Hoheit begangen zu haben.

Ich werde in zwölf von 67 Anklagepunkten für schuldig erklärt. Unter anderem auch für Mord. Weil ich als weiblicher Soldat nicht offiziell anerkannt werde, sind alle Männer, die ich in den Schlachten besiegt habe, Mordopfer. Am 30. Mai 1431, im Alter von nur 19 Jahren, verbrennt man mich in Rouen, Frankreich, als Hexe auf dem Scheiterhaufen.

Mein Ansehen als Heldin und Märtyrerin, die ihr Leben für ihr Land gegeben hat, stärkt die Position von Karl VII, der dadurch den größten Teil Frankreichs zurückerobern kann und mit der endgültigen Vertreibung der Engländer 1435 den Hundertjährigen Krieg beendet.

„WER, WENN NICHT WIR? WANN, WENN NICHT JETZT?"

Ich zog als erste Kriegsherrin des europäischen Kontinents in den Krieg und veränderte durch meine Überzeugung und meinen Einsatz die Welt.

SCHAU GENAU!

Jeden Tag erscheinen weltweit Millionen neuer Videos, Artikel und Posts im Internet und in sozialen Medien. Woher soll man wissen, ob all das wirklich stimmt, oder ist es am Ende vielleicht doch nur Fake? Im Netz kann jeder gleichberechtigt Sachen posten, kommentieren und weiter teilen. Deswegen ist es oft gar nicht so einfach, falsche Nachrichten und Informationen, sogenannte „Fake News", zu erkennen. Doch gefälschten Informationen, „Fakes", zu glauben, ist gefährlich. Sie wollen oft mediale Aufmerksamkeit in Form von Klicks und Likes nach oben treiben oder werden von politischen Hetzer*innen eingesetzt.

Gerade wenn es um Kriege, Konflikte oder Terroranschläge geht, lässt sich meist nur schwer überprüfen, ob die vielen schrecklichen Bilder und Videos, die dann in den sozialen Medien im Umlauf sind, tatsächlich zu diesem Ereignis gehören und es sich so abgespielt hat.

CHECK-LISTE

- ✓ 1. Die Quelle: Wer ist die Quelle? Von wem stammt die Nachricht?
- ✓ 2. Die Fakten: Wird die Nachricht von anderen seriösen Quellen und verlässlichen Seiten bestätigt?
- ✓ 3. Die Bilder: Was zeigt ein Bild wirklich? Taucht das Bild in der Bilder-Rückwärtssuche auch auf anderen Seiten auf? Erscheint es im gleichen Kontext?
- ✓ 4. Die Aktualität: Wann wurde die Nachricht verbreitet? Steht ein Datum dabei und kann das Datum stimmen?
- ✓ 5. Bevor du selbst eine Nachricht teilst, frag dich zuerst: Kann das wirklich stimmen? Prüfe die Information anhand der ersten vier Punkte.

MALALA YOUSAFZAI

GEBOREN AM 12. JULI 1997

ch werde am 12. Juli 1997 im Swat-Tal in Pakistan geboren. Benannt werde ich nach der Poetin und Volksheldin Malalai von Maiwand, die im Jahr 1880 die aufständischen Paschtunen in der Schlacht von Maiwand gegen die britischen Truppen anführte. Damit ist mein Lebensweg in gewisser Weise vorgezeichnet. Denn Malala bedeutet so viel wie „kummervoll" oder „leidend" und ich werde leiden, aber ich werde auch stark sein und ich werde die Welt verändern.

Für pakistanische Verhältnisse verbringe ich ein normales Leben als junges Mädchen. Bis auf die Tatsache, dass mein Vater ein Bildungsaktivist ist, der sich speziell für die Bildungsrechte pakistanischer Mädchen einsetzt. Das ist eher ungewöhnlich. Und als er mich für alt genug hält, um zu begreifen, dass in Pakistan Bildung für Mädchen nicht selbstverständlich ist, bestärkt er mich darin, aufzustehen und zu sprechen.

„EIN KIND, EIN LEHRER, EIN BUCH UND EIN STIFT KÖNNEN DIE WELT VERÄNDERN."

Ich bin zehn Jahre alt, als die Taliban die Herrschaft über Pakistan übernehmen. Diese Gruppe radikaler Islamisten will erreichen, dass Frauen in der Öffentlichkeit Burkas (Ganzkörperschleier) tragen müssen, nicht arbeiten und ab einem Alter von acht Jahren nicht mehr zur Schule gehen dürfen. In der Region, in der ich lebe, dürfen Mädchen außerdem keine Musik mehr hören. Wer gegen diese Regeln verstößt, wird sehr hart bestraft oder sogar getötet. Auch Schulen werden von den Taliban zerstört.

Meine Freundinnen und ich sind selbst gläubige Musliminnen, aber an die strengen Regeln der Taliban glauben wir nicht. Wir wollen nicht auf unsere Bildung verzichten. Also gehen wir weiter zur Schule, aber heimlich.

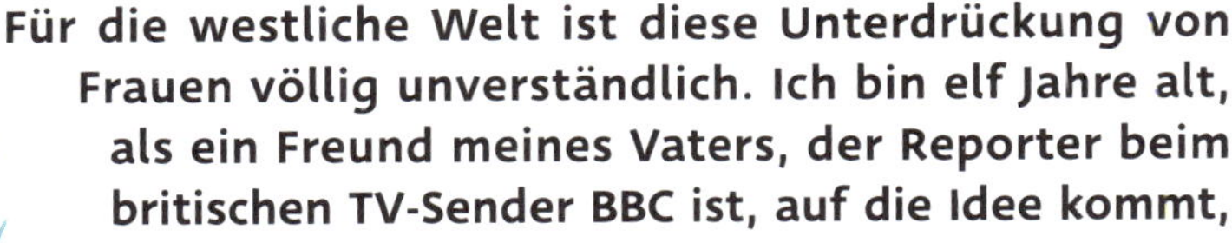

Für die westliche Welt ist diese Unterdrückung von Frauen völlig unverständlich. Ich bin elf Jahre alt, als ein Freund meines Vaters, der Reporter beim britischen TV-Sender BBC ist, auf die Idee kommt, eine pakistanische Schülerin von den Ereignissen berichten zu lassen. Mein Vater schlägt mich als Autorin vor.

„ICH ERHEBE MEINE STIMME – NICHT UM ZU SCHREIEN, SONDERN UM FÜR DIE ZU SPRECHEN, DIE KEINE STIMME HABEN."

Unter dem Pseudonym „Gul Makai" (Name der Heldin eines paschtunischen Märchens, bedeutet „Kornblume") beschreibe ich, wie die Taliban die Menschen unterdrücken. Ich erzähle von Selbstmordattentaten, Angst und Trauer und von uns Mädchen, die nicht mehr in die Schule gehen dürfen. Mein Vorbild ist das Tagebuch der Anne Frank, von dem mir der Freund meines Vaters erzählt hat.

In Windeseile wird mein Blog in Pakistan bekannt und von Urdu, der offiziellen Landessprache in Pakistan, ins Englische übersetzt. Auf einmal bin ich weltberühmt. Man lädt mich in Fernsehshows ein und ich gebe Interviews zu den Themen Bildung und Frauen. Ich bin eine der wenigen, die sich traut, öffentlich über das zu sprechen, was in unserem Land vor sich geht.

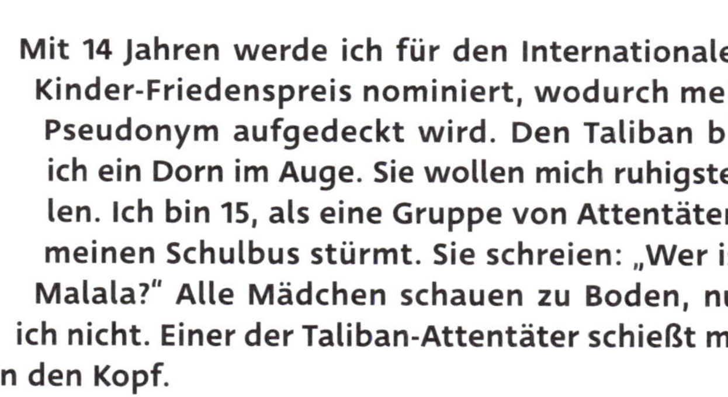

Mit 14 Jahren werde ich für den Internationalen Kinder-Friedenspreis nominiert, wodurch mein Pseudonym aufgedeckt wird. Den Taliban bin ich ein Dorn im Auge. Sie wollen mich ruhigstellen. Ich bin 15, als eine Gruppe von Attentätern meinen Schulbus stürmt. Sie schreien: „Wer ist Malala?" Alle Mädchen schauen zu Boden, nur ich nicht. Einer der Taliban-Attentäter schießt mir in den Kopf.

Ich überlebe. Aber nur knapp. In England gibt es ein Krankenhaus, das auf Kopfwunden spezialisiert ist. Dort werde ich behandelt und wieder gesund gepflegt. Für meine Eltern, meine zwei Brüder und mich ist es aber zu gefährlich, nach Pakistan zurückzugehen. Darum ziehen wir nach Birmingham, in England. Dort kann ich die Schule besuchen und weiter dafür kämpfen, dass alle Kinder auf der ganzen Welt zur Schule gehen können.

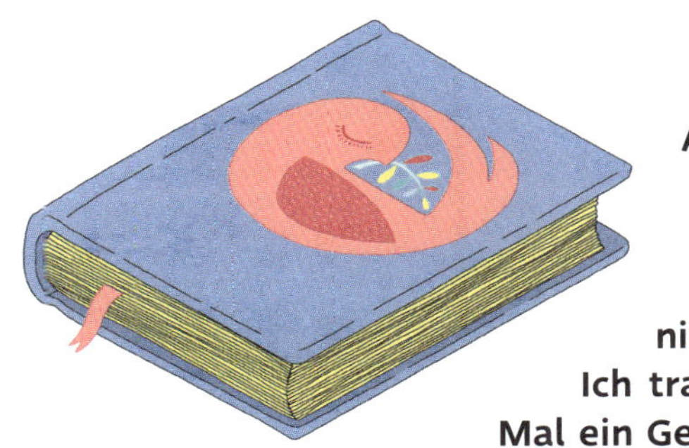

Als ich meine Autobiografie „Ich bin Malala" veröffentliche, bin ich gerade mal 16 Jahre alt. Außerdem reise ich nach Nigeria, Jordanien, Sierra Leone und Kenia, um dort anderen Mädchen zu helfen. Ich trage dazu bei, dass Pakistan zum ersten Mal ein Gesetz mit dem Recht auf Bildung erlässt. Vor der UNO halte ich eine Rede, um Mädchen und Frauen auf der ganzen Welt zu bestärken: „Lasst uns zu Büchern und Stiften greifen, das sind unsere mächtigsten Waffen. Denn die Extremisten fürchten sich vor gebildeten Frauen."

Zwei Jahre nach dem Attentat sitze ich im Chemieunterricht, als mir gesagt wird, dass ich in Oslo den Friedensnobelpreis entgegennehmen soll. Damit bin ich die jüngste Preisträgerin in der Geschichte des Nobelpreises. Der Vorsitzende des Komitees für den Friedensnobelpreis beglückwünscht mich mit den Worten: „Dein Mut sendet eine deutliche Botschaft an Frauen, für ihre Rechte einzutreten. Dies ist eine Vorbedingung für Frieden." Drei Jahre später, ich bin mittlerweile 19, werde ich vom UN-Generalsekretär zur UN-Friedensbotschafterin ernannt.

IM WESTEN WIRD SIE ZUM SYMBOL DES WIDERSTANDES.

Ich bin Kinderrechtsaktivistin und die mit Abstand jüngste Preisträgerin in der Geschichte des Friedensnobelpreises.

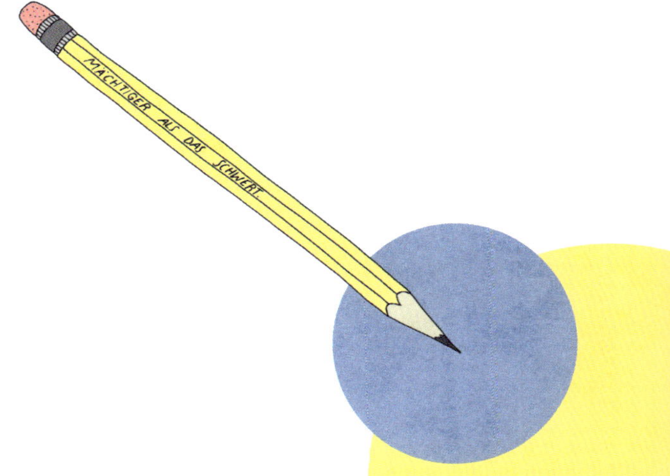

WEISST DU, WO DU STEHST?

Manche Themen beschäftigen einen mehr als andere. Aber oft weiß man trotzdem gar nicht so genau, wie man sich in Bezug auf ein Thema fühlt oder wo man gerade steht. Dabei kann man es mithilfe eines „Gefühlsstrahls" ganz leicht sichtbar machen! Wie?

Stelle dir hier selbst deine persönliche Skala-Fragentabelle zusammen. Üblicherweise geht die Skala von 1 bis 10.
1 steht dabei für: ganz mies, schlecht, kaum vorhanden.
10 ist – du hast es wahrscheinlich schon erraten – einfach das Gegenteil: großartig, nicht mehr steigerbar, am besten.
Du kannst natürlich auch 0 oder alle Werte zwischen den ganzen Zahlen nutzen, wenn es zu dir passt.

Das Tolle ist: Bei den Skalen-Fragen gibt es kein Richtig oder Falsch. Und weil du nicht falsch antworten kannst, brauchst du dich nicht stressen. Es geht um deine subjektive Wahrheit. Ganz gleich, was du antwortest: Es stimmt.

Hier ein paar Beispiele für deine Skala-Fragentabelle:

- Ich bin mutig
- Ich lerne gern
- Ich glaube daran, durch Bildung weiterzukommen
- Ich kann für meine Überzeugung einstehen
- Ich fühle mich gleichberechtigt behandelt
  usw.

Je mehr Fragen du dir zu einem Thema stellst (z.B. Schule und Lernen), umso genauer wird deine Messung.

DEINE FRAGEN:

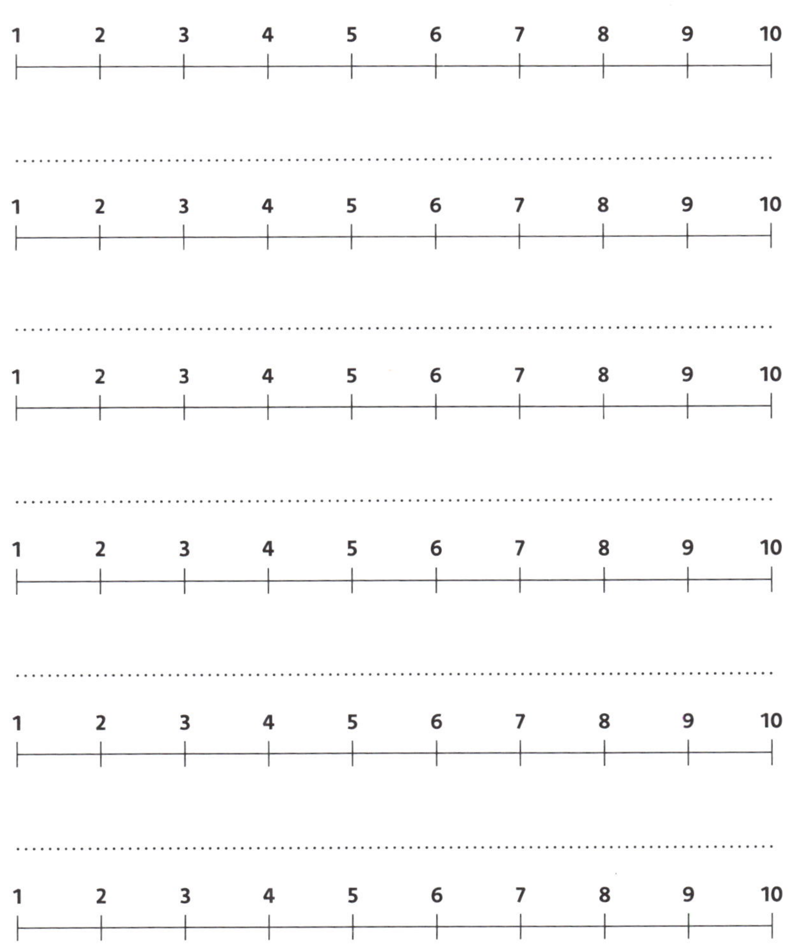

UTE BOCK

27. JUNI 1942 – 19. JÄNNER 2018

ch werde am 27. Juni 1942 als Ute Bock in der oberösterreichischen Stadt Linz geboren. Ich habe zwei jüngere Geschwister: Helga und den kleinen Michael. Wir streiten ständig. Schon als Kind bin ich sehr selbstbewusst, gescheit und dominant. Obwohl ich für Helga und Michael gerne die Lehrerin spiele und ihnen Sachen beibringe, mag ich es auch, ihnen Angst zu machen. Ich glaube, das ist so, weil ich eifersüchtig darauf bin, dass Helga Vaters Lieblingskind ist, und Michael ist überhaupt sein kleiner Prinz. Von mir denkt er, dass ich dumm bin.

„GELD ALLEIN GENÜGT ZWAR NICHT, ABER OHNE GELD GEHT GAR NICHTS."

In unserer Kindheit verbringen Helga und ich jede Sommerferien in einem Kinderheim, weil wir unseren Eltern daheim zu laut sind. Dort verhalte ich mich sogar schon im Alter von sechs Jahren wie eine von den Kinderheimtanten. Je älter ich werde, desto hilfsbereiter und verantwortungsbewusster werde ich. Ich helfe gerne im Haushalt und kümmere mich gut um meine zwei Geschwister. Meiner Mutter ist das nur recht, meinem Vater fällt das, glaube ich, gar nicht auf.

Ich bin 18 und gerade mit der Schule fertig geworden. Mein Vater sagt, ich soll mich bei der Stadt Wien um einen Job bewerben. Weil ich keine andere Ausbildung habe, bieten sie mir erst einmal eine Stelle im Erziehungsdienst an. Das soll ich ein, zwei Jahre machen, dann werde ich in die Verwaltung versetzt. Mit 20 arbeite ich in einem städtischen Heim in Niederösterreich. Da sehe ich das erste Mal, wie schlecht es Kindern gehen kann. Ich verbringe dort sieben Jahre, bevor ich im Alter von 27 Jahren als „Heimmutter" in das Gesellenheim im 10. Wiener Gemeindebezirk wechsle.

bockig

Die Zustände und damals „üblichen" Erziehungsmethoden in Heimen und Familien sind schrecklich. Auch ich mache Fehler. Manchmal werde ich handgreiflich, das tut mir später sehr leid. Vieles läuft schief und die Situation bessert sich nur langsam.

Nach ein paar Jahren werde ich mit 34 Leiterin des Heimes, das mittlerweile als Auffangbecken für schwierige Fälle bekannt ist. Ich bin 48, als das Jugendamt beginnt, vor allem ausländische Jugendliche, zuerst Flüchtlinge der Jugoslawienkriege, später auch aus verschiedenen Ländern Afrikas, in das Heim zu schicken. Oft sind das Jugendliche, die während ihres Asylverfahrens kein Geld vom Staat mehr bekommen. Ich bemühe mich nach Leibeskräften darum, ihnen Deutschkurse, Gelegenheitsjobs und Schlafplätze zu vermitteln.

Mit 57 werde ich von der Polizei in einer großangelegten Aktion gegen organisiertes Verbrechen in Wien, der sogenannten „Operation Spring", von der Polizei festgenommen. Sie durchsuchen das Heim und nehmen 30 Jugendliche afrikanischer Herkunft wegen des Verdachts auf Drogenhandel fest. Auch ich werde wegen Bandenbildung und Drogenhandel angezeigt und darf eine Zeit lang nicht mehr arbeiten.

Wie in Österreich für Frauen noch üblich, gehe ich mit 60 Jahren offiziell in Pension. Aber von Ruhestand kann keine Rede sein. Ich gründe den „Ute Bock Verein – Wohn- und Integrationsprojekt" aus dem später die NGO „Flüchtlingsprojekt Ute Bock" wird. Gemeinsam mit anderen Unterstützer*innen treten wir gegen jede Form von Diskriminierung und Rassismus ein. Wir setzen uns für Flüchtlinge ein, organisieren Wohnungen und Unterstützungen für Asylwerber*innen in Not: Wir bieten ihnen juristische Beratungen und verschiedene Kurse (Deutsch, Alphabetisierung etc.) an und betreiben eine kostenlose Kleiderausgabe.

SIE KÄMPFTE FÜR BESSERE LEBENSBEDINGUNGEN UND RECHTE VOR ALLEM JUGENDLICHER ASYLWERBER*INNEN.

Das spricht sich herum. Sogar tausende Kilometer entfernt, auf anderen Kontinenten, wissen die Menschen: Wenn du nach Wien kommst, dann hilft dir Mutter Bock weiter. Ich bin 70 und bekomme das Goldene Verdienstzeichen der Republik Österreich verliehen. Aber Ehrungen und Bewunderungen sind mir egal. Ich will, dass Menschen geholfen wird und dass es Gerechtigkeit gibt. Mein größter Wunsch ist, dass ich eines Tages nicht mehr gebraucht werde, weil es keine

„ICH HABE EINEN VOGEL, ABER ES GIBT VIELE LEUTE, DIE MEINEN VOGEL UNTERSTÜTZEN."

Notwendigkeit mehr für Hilfsorganisationen wie die meine gibt.

Am 19. Jänner 2018 sterbe ich im Alter von 75 Jahren in meiner Wohnung im „Ute Bock Haus", ohne dass sich mein Wunsch erfüllt hat.

Ich habe mit meinem persönlichen Engagement die Flüchtlingshilfe in Wien, vielleicht sogar in ganz Österreich, so geprägt wie keine zweite.

DEINE SPENDE HILFT!

Hast du Sachen, die du nicht mehr brauchst oder willst, aber sie sind noch gut erhalten? Spende sie! Finde allein oder gemeinsam mit deinen Eltern heraus, wo du deine gebrauchten Dinge hinbringen kannst (z.B. Caritas etc.).

Wenn du noch mehr tun willst, könntest du auch mit einem Getränke- oder Kuchenstand bei einem Weihnachtsmarkt, kleinen Arbeiten in der Nachbarschaft (Autos waschen, Laub rechen, Fahrrad reparieren oder den Hund ausführen), einem Garagenverkauf oder Flohmarkt etwas Geld sammeln, um es einer Organisation zu spenden, die dir am Herzen liegt.

MEINE SPENDEN-SAMMEL-AKTIONEN:

....

....

....

....

....

....

MEINE SPENDEN:

....

....

....

....

....

....

INDIRA GANDHI

19. NOVEMBER 1917 – 31. OKTOBER 1984

ch werde am 19. November 1917 als Indira Priyadarshini Nehru in Allahabad, das in den gebirgigen Höhen der Kaschmir-Region liegt, geboren. Die Geschichte meines Heimatlandes erlebe ich an vorderster Front mit: den Kampf gegen die britische Kolonialherrschaft und die Teilung des Subkontinents, die Unabhängigkeit Indiens, die Kriege um Kaschmir mit Pakistan und den Grenzkrieg mit China.

Mein Vater, Jawaharlal Nehru, stammt aus einer vornehmen und angesehenen Familie und wird der erste Premierminister des unabhängigen Indiens. Auch mein Großvater ist führender Politiker in einer der beiden großen Parteien des Landes. Meine Mutter, Kamala Nehru, leidet an Tuberkulose. Trotzdem ist sie gemeinsam mit meinem Vater und Mahatma Gandhi politisch aktiv. Zusammen gehören sie zu den Anführer*innen der indischen Unabhängigkeitsbewegung. Sie fordern eine Befreiung Indiens von der englischen Kolonialherrschaft.

Ich bin vier Jahre alt und meine Eltern werden immer wieder verhaftet und unser Zuhause von der Polizei durchsucht. Als uns einmal Bekannte besuchen kommen, muss ich sie wieder wegschicken: „Es tut mir leid, aber mein Großvater, Vater und Mama sind im Gefängnis."

Für meinen Vater ist der politische Kampf immer wichtiger als die Familie. Meine Eltern streiten oft und viel. Danach reden sie tagelang nicht miteinander. Meist bin ich mit meiner Mutter allein. Ihre Krankheit macht mich sehr traurig. Deshalb nutze ich bald jede Gelegenheit, ins Ausland zu gehen, um dort zu leben und zu studieren. In der Schweiz besuche ich ein Internat, ich reise nach Paris, London und studiere Geschichte am College in Oxford.

„MIT GEBALLTEN FÄUSTEN KANN MAN SICH NICHT DIE HÄNDE REICHEN."

Ich bin 18, als meine Mutter stirbt. Es geht mir sehr schlecht, auch ich leide an Tuberkulose. Ich esse zu wenig und habe Depressionen. Trotzdem trete ich in die Fußstapfen meiner Eltern und gründe eine Jugendbewegung, die sich für die Unabhängigkeit Indiens einsetzt. Mit 23 verbringe ich ein Jahr in einem Schweizer Sanatorium. Als ich nach Indien zurückkehre, verlobe ich mich mit einem langjährigen Freund der Familie namens Feroze Gandhi – der übrigens nicht mit Mahatma Gandhi verwandt ist.

SIE SAH SICH IMMER ALS DIENERIN INDIENS UND „MUTTER DER NATION".

Die Hochzeitsreise nach Kaschmir ist eine der glücklichsten Zeiten in meinem Leben. Immer wieder, wenn ich privaten oder politischen Frieden suche, kehre ich dorthin zurück. Als mein erster Sohn Sanjy zur Welt kommt, bin ich 27 Jahre alt. Sein kleiner Bruder Rajiv wird später einmal Ministerpräsident. Ich bin 30 und schon lange nicht mehr glücklich in meiner Ehe, als Feroze die Scheidung verlangt. Ich willige zwar nicht ein, ziehe aber trotzdem zu meinem Vater nach Delhi.

Ich werde seine Assistentin und unterstütze ihn bei Empfängen hoher Staatsgäste. Es dauert aber etwa zehn Jahre, ich bin mittlerweile 40 Jahre alt, bis ich wieder damit beginne, mich selbst aktiv in der Politik zu engagieren. Zwei Jahre später werde ich, wie schon mein Großvater vor mir, zur Präsidentin des Indischen Nationalkongresses gewählt. Ein Jahr später stirbt mein Mann und als ich 47 bin, mein Vater. Das ist mein Startschuss für die Eroberung der Macht im Staat. Mit 49 Jahren werde ich die erste Ministerpräsidentin Indiens.

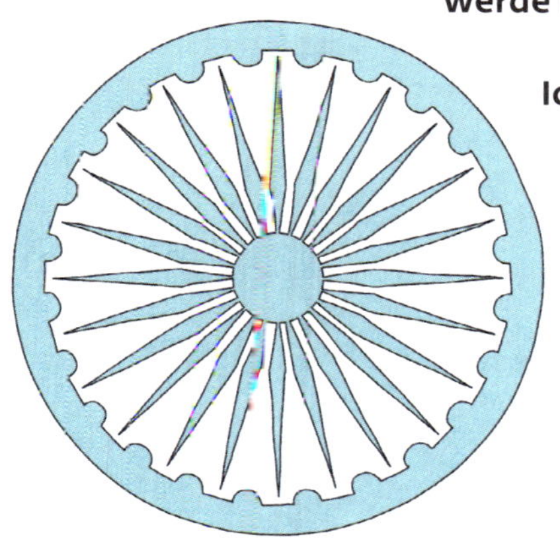

Ich unterstütze die indischen Bauern, versuche den Lebensstandard des indischen Volkes zu erhöhen, die Erziehung zu fördern und feiere Erfolge im Konflikt mit Pakistan. 1974 veranlasse ich aber auch die ersten Atombombentests in Indien. Meine letzte Amtsperiode ist von religiösen Auseinandersetzungen zwischen der Hindu-Mehrheit und der im Nordwesten

lebenden Sikhs geprägt. Trotzdem lasse ich nicht zu, dass die für meinen Schutz zuständigen Sikh-Leibwächter abgezogen werden.

Am 31. Oktober 1984 werde ich auf dem Weg zu einem Interview von zwei meiner Leibwächter erschossen. Im Krankenhaus erliege ich im Alter von 67 Jahren meinen Verletzungen.

Ich war die erste und bislang einzige Ministerpräsidentin Indiens.

„DIE GESCHICHTE IST DER BESTE LEHRER MIT DEN UNAUFMERKSAMSTEN SCHÜLERN."

WIE WIR WURDEN, WAS WIR SIND …

Kennst du noch andere Politikerinnen? Welche Staaten werden von Frauen angeleitet? Such dir eine Politikerin oder politische Person, die du gut findest, aus und sammle (allein oder gemeinsam mit deinen Eltern/Geschwistern/Freund*innen) alles, was du über sie findest im Internet oder in der Bücherei zusammen.

Nutze den Platz hier (oder in einem Notizheft/auf einem Zettel) und mache einen Steckbrief über die Person. Woher ist sie? Welche Ausbildung hat sie? Was hat sie sonst noch gemacht?

Danach könntest du einen ähnlichen Steckbrief über dich schreiben: Wie sieht deine eigene „Startposition" aus? Wo möchtest du einmal ankommen? Und was brauchst du für deinen Weg?

STECKBRIEF:

MITHU SANYAL

GEBOREN 1971

Ich heiße Mithu Sanyal, doch als ich 1971 in Düsseldorf, Deutschland, geboren werde, schreibt der Beamte meinen Namen falsch in meine Geburtsurkunde: Mitu. Mein Name kommt, ebenso wie mein Vater, aus Indien. Meine Oma und mein Opa mütterlicherseits kamen aus Polen, um im Ruhrgebiet in den Kohlebergwerken zu arbeiten. Leider spreche ich weder Polnisch noch Bengali – das ist die Sprache meines Vaters –, sondern nur Deutsch.

Mein Studium der deutschen und englischen Literatur finanziere ich dadurch, dass ich als Aktmodell arbeite. Noch während meines Studiums beginne ich als Autorin für den WDR, den Westdeutschen Rundfunk, zu arbeiten, wo viele Features und Hörspiele entstehen. Meine Doktorarbeit schreibe ich über die „Kulturgeschichte der Vulva", aus der später mein erstes Buch wird. Außerdem schreibe ich für unterschiedliche deutsche Medienunternehmen, Zeitungen und Magazine. Häufig werde ich als Expertin, Vortragende, Moderatorin, Gesprächspartnerin und Studiogast zu Beiträgen, Lesungen, Vorträgen, öffentlichen Diskussionsrunden und ins Fernsehen eingeladen. Zuerst werde ich immer nur eingeladen, wenn es um Sex geht, doch seit meinem zweiten Buch, einer Kulturgeschichte der „Vergewaltigung", werde ich auch als politische Kommentatorin ernst genommen.

Ich bin 50, als mein Romandebüt „Identitti" erscheint. Ich bekomme dafür viele Auszeichnungen und es wird sogar für den größten deutschen Literaturpreis nominiert.

Durch die Geschichte hindurch gibt es viele Frauen, die mich besonders beeindruckt haben. Eine von ihnen ist die Schriftstellerin Mahasweta Devi. Von der ich mir wünschen würde, sie wäre in Europa ebenso bekannt wie in ihrer Heimat Indien. Geboren wurde sie 1926 in Dhaka. Das war damals noch British India. Obwohl sie der obersten indischen Kaste angehörte, sie war Brahmanin, begann sie schon früh, sich für die Rechte der Adivasis, also der indigenen Bevölkerung Indiens, und der Dalits, der sogenannten „Unberührbaren", einzusetzen. So entstand der Roman „Aranyer Adhikar" (auf Deutsch: „Das Recht auf/für den Wald") über den Munda-Aufstand von 1899/1900. Ein Buch, das nicht nur Geschichte dokumentierte, sondern selbst Geschichte machte. In der Folge wurde Mahasweta Devi zum Sprachrohr der Widerstandbewegung. Als Journalistin machte sie auf akute Menschenrechtsverletzungen aufmerksam und sie schrieb Bücher in einfacher Sprache für die Alphabetisierungsbewegung über die Rechte der indigenen Bevölkerung. Sie gründete zahlreiche Organisationen wie z.B. das „Tribal Unity Forum", weil die unterschiedlichen indigenen Gruppen gegeneinander aufgehetzt wurden. „Seitdem tötet kein Santal mehr einen Lodha, die Regierung ist ziemlich wütend darüber." Und neben all dem ist sie einfach eine fabelhafte Autorin und schreibt traumhaft gut.

So wünsche ich mir Literatur, mit so viel Herzblut und einem solchen ethischen Kompass, dabei gleichzeitig so lustig wie radikal und rasant.

MARTA VIEIRA DA SILVA

GEBOREN AM 19. FEBRUAR 1986

ch heiße Marta Vieira da Silva und werde am 19. Februar 1986 in Dois Riachos, einem 12.000-Seelen-Ort im Nordosten Brasiliens, geboren. Mein Vater verlässt meine Mutter, meine drei Geschwister und mich, als ich noch ein Baby bin. Wir haben kein Geld und wenig zu essen. Aber schon als kleines Mädchen liebe ich es, den Ball durch die Straßen zu kicken. Meine Brüder lachen mich deshalb aus. Ich solle lieber mit Puppen spielen, meinen sie.

Um meiner Mutter zu helfen, verkaufe ich Obst und Gemüse auf dem Markt. Ich wünsche mir Fußballschuhe, aber die sind zu teuer. Ich schwänze oft den Unterricht, um mit den Jungs Fußball zu spielen. Dabei gilt das in Brasilien als reiner Männersport. Bis Anfang der 1980er Jahre gab es sogar ein Gesetz, das Frauen-Fußball verbot. Niemand im Ort nimmt meine Leidenschaft ernst, außer meiner Mutter und meiner Großmutter. Sie wissen, dass es für mich nur einen Traum gibt: Fußballerin zu werden.

IN 154 LÄNDERSPIELEN ERZIELTE SIE 108 TORE, DAVON EINE REKORDZAHL VON 17 WM-TOREN.

Ich bin 14 Jahre alt und steige allein in einen Bus, der mich drei Tage lang und 2.000 Kilometer weit von Dois Riachos bis hinunter in den Süden, nach Rio de Janeiro, bringt. Alles, was ich bei mir habe, ist die Kleidung in meiner Tasche und der Wille, mit dem ich meinen Weg gehen will.

Ich bin dünn, aber schnell und spiele bei dem Fußballverein „Vasco da Gama" vor. Mir scheint, als wären die Trainerinnen schockiert, dass ein Mädchen wie ich auf dem Rasen so ein Aufsehen erregen kann. Ich dribble an jeder Gegnerin vorbei, schieße Tor für Tor und kann alle von mir überzeugen. Und zwar restlos. Von da an geht alles ganz schnell.

17 Jahre alt und nur 162 Zentimeter groß, debütiere ich in Brasiliens Nationalmannschaft. Bei der WM in den USA schieße ich drei Tore und hole ein Jahr später bei den

Olympischen Spielen in Athen, wieder mit drei Toren, meinem Team die Silbermedaille.

Ich bin 18 und wechsle zum schwedischen Topklub „Umeå IK". Ich weiß, dass Schweden irgendwo in Europa liegt und „Umeå" ein gutes Frauenteam hat. Ich möchte eine bessere Spielerin werden und entscheide mich deshalb für den Umzug. Nach dem Wechsel werde ich bald zum Weltstar. Das Publikum liebt mich und mit dem Geld, das ich verdiene, sorge ich für meine ganze Familie. Ich will dieser armen Gegend, aus der ich komme, etwas zurückgeben und den Menschen Hoffnung machen. Meiner Mutter und meinen Geschwistern kaufe ich jeweils ein eigenes Haus.

Mit „Umeå IK" gewinnen wir viermal in Serie die schwedische Meisterschaft und holen einmal sogar den UEFA-Cup. Ich bin 23 und wechsle erneut das Team, diesmal in die „Women's Professional Soccer"-Liga (WBS), einer neu gegründeten Profiliga für Frauen in den USA. Von Nationaltrainer*innen und Spielführer*innen des Weltverbands FIFA werde ich zum dritten Mal in Folge zur besten Fußballerin der Welt gewählt.

„AN DER SPITZE ZU BLEIBEN, IST VIEL SCHWIERIGER ALS HOCHZUKOMMEN. ES GIBT IMMER NEUE DINGE ZU LERNEN UND FÄHIGKEITEN, DIE ICH NOCH VERBESSERN MUSS."

Der Frauen-Fußball entwickelt sich langsam und ich genieße es, dass mir im Macho-Land Brasilien inzwischen große Achtung als Fußballerin entgegengebracht wird: von Frauen und von Männern. Und auch wenn der Rest des Landes noch hinterherhinkt, wird zumindest in der Region um Sao Pãulo, Santos und Rio de Janeiro der Frauen-Fußball gefördert.

Ich bin 24 und werde zur UN-Botschafterin ernannt. Ich möchte für Frauen und Mädchen ein Symbol für weibliche Emanzipation und ein leuchtendes Beispiel dafür sein, was Frauen erreichen können. Als offen lesbische Frau setze ich mich außerdem für die LGBTIQ*-Community in Brasilien ein.

Man sagt über mich, dass ich heute für den Frauen-Fußball das bin, was der Fußballer Pelé früher einmal für den Männer-Fußball war. Ich bin deshalb auch die erste und bisher einzige Frau, deren Fußabdrücke in der Ruhmeshalle, dem „Fußball-Walk-of-Fame", des Maracanã-Stadions neben anderen Größen des brasilianischen Fußballs in Beton verewigt werden.

Ich bin bis heute die beste Fußballspielerin der Welt.

2021 HAT SIE SICH MIT IHRER FUSSBALLKOLLEGIN TONI PRESSLEY VERLOBT.

KICK IT LIKE YOU!

Überlege nicht lange, sondern schnapp dir einen Ball, gerne auch eine*n oder mehrere Mitspieler*innen und geh an die frische Luft zum Fußballspielen ;-)

Sollte es bei dir gerade Winter sein oder so, gibt es vielleicht wo einen Tischfußballtisch?

TOR-SCORE:

ZHENG YISAO

1775 – 1844

ch bin Zheng Yisao, vielen auch als Witwe Cheng bekannt, und wie bei allen guten Legenden ranken sich auch um meine Herkunft und Geburt eine Menge Geheimnisse. Wahrscheinlich aber werde ich 1775 in der Küstenprovinz Guangdong im Südosten Chinas geboren.

Als junge Frau arbeite ich als Prostituierte in einem Bordell. Mit 26 Jahren heirate ich den berüchtigten Piratenkapitän Zheng Yi (oder auch Cheng I). Ich stimme der Ehe aber nur unter der Bedingung zu, dass mir ab jetzt die Hälfte der Beute zusteht und ich Mitspracherecht bei allen Entscheidungen auf See bekomme.

Wir haben gemeinsam zwei Söhne, doch dann wird Zheng Yi von einem Tsunami erfasst und in kleinen Stücken wieder ausgespuckt. Er hinterlässt mir eine große Flotte und einen wilden Ruf, der auf allen sieben Weltmeeren bekannt ist. Da ist es nur vernünftig, dass ich das Familiengeschäft weiterführe. Vielleicht werde ich am Ende eine bessere Piratin, als mein Mann jemals einer gewesen ist.

Ich übernehme Zheng Yis Flotten und färbe ihre Flaggen rot. Die meisten Kapitäne der Schiffe waren seit dem Tod meines Mannes ihren Flottenführeraufgaben nur mehr halbherzig nachgegangen. Mit einem stolzen Schlachtruf versammle ich sie alle um mich und rufe ihren Kampfgeist zurück.

SIE WAR ZWAR EINE DER BERÜHMTESTEN, ABER NICHT DIE EINZIGE FRAU, DIE ZUR BLÜTEZEIT DER PIRATERIE AUF DEN WELTMEEREN UNTERWEGS WAR.

Meine erste Amtshandlung als Piratin besteht darin, eine Art Piratenverhaltenskodex aufzustellen. Die ganzen Großmäuler der Flotte haben sich entweder zu benehmen oder müssen über die Planke gehen. Regel Nummer 1: Vergreift sich einer der Männer an einer Gefangenen, muss er über die Planke gehen. Regel Nummer 2: Kein Sex an Bord, sonst wird über die Planke gegangen. Denn eines ist klar: Männer, die wochenlang einsam und unbefriedigt auf dem Ozean vor

„UNTER DER HERRSCHAFT EINES MANNES SEID IHR GEFLOHEN. NUN WIRD SICH ZEIGEN, WIE IHR EUCH UNTER DER HERRSCHAFT EINER FRAU ANSTELLT."

sich hin schippern, sind die besten Plünderer. Regel Nummer 3: Wer sich unerlaubt aus der Schiffskasse bedient, geht über die Planke. Regel Nummer 4: Wer seinen Posten verlässt, geht über die Planke. Regel Nummer 5: Wer den Anweisungen seines Kapitäns nicht Folge leistet, muss – ganz genau! – über die Planke gehen.

Außerdem gehe ich eine Allianz mit einem unter den Piraten sehr beliebten Anführer namens Cheung Po Tsai ein. Ursprünglich ein Fischerssohn, wurde er vor vielen Jahren von meinem Mann gefangen genommen, ausgebildet und adoptiert. Ich mache ihn zum Flottenbefehlshaber und spiele damit andere Anführer der Allianz aus.

Meine neu aufgestellten Regeln schlagen ein wie ein Pulverfass. Meine Männer und ich arbeiten uns unter der roten Flagge die gesamte chinesische Küste hinauf. Wir plündern fröhlich und sind der Untergang eines jeden Schiffes, das sich uns auf Kanonenreichweite nähert. Schon nach wenigen Jahren habe ich die Flotte meines Mannes verdreifacht und es sogar geschafft, einige seiner früheren Feinde unter meiner blutroten Flagge zu vereinen. Weithin bin ich nur mehr als der Schrecken des südchinesischen Meeres bekannt, befehlige 80.000 Seemänner auf fast 2.000 Schiffen und bin damit berühmten Piratenkapitänen, wie Blackbeard oder Francis Drake, zahlenmäßig weit überlegen.

Selbst der chinesische Kaiser ist verzweifelt und will meinem Piratenterror ein Ende bereiten. Aber seine Mission scheitert kläglich, denn ich kenne keine Angst, und anstatt zu fliehen, schieße ich die kaiserliche Marine in Stücke. 63 seiner Schiffe bekomme ich so in meine Gewalt und überzeuge die Mehrheit der kaiserlichen Seemänner, sich mir anzuschließen. Sogar der Admiral der chinesischen Armee bringt sich lieber um, als meinem berühmt-berüchtigten Zorn zum Opfer zu fallen.

Als Nächstes versucht zuerst die portugiesische, dann die britische Marine ihr Glück. Doch auch über sie triumphiere ich. Niemand scheint mir gewachsen. Irgendwann hat die chinesische Marine dann genug und bietet mir eine Amnestie (Straferlass für Verbrechen) an. Darüber hinaus dürfen wir unsere Beute behalten und in den Dienst der Marine treten. Nur unsere Schiffe und Waffen müssen wir abgeben. Das scheint mir kein schlechter Deal zu sein. Also segele ich 1810, ich bin 35 Jahre alt, persönlich nach Kanton, um dort auf den Handel einzugehen.

DER ABERGLAUBE, DIE BLOSSE ANWESENHEIT EINER FRAU AUF EINEM SCHIFF WÜRDE FÜR UNGLÜCK SORGEN, WAR NUR IN DER SCHIFFFAHRT DES WESTENS ÜBLICH.

In Kanton wird die Verwandtschaftsbeziehung zwischen meinem Liebhaber Cheung Po Tsai und mir, wir sind ja genau genommen Adoptivmutter und -sohn, offiziell aufgelöst und wir können heiraten. Bald darauf bekommen wir einen gemeinsamen Sohn und Cheung Po Tsai wird Marineoffizier, mit einer privaten Flotte.

Ich hingegen setze mich von der Piraterie zur Ruhe und betreibe stattdessen ein Spielkasino und Opiumschmuggel. Nach all meinen Seeabenteuern sterbe ich friedlich und reich im Jahre 1844, im Alter von 69 Jahren, an Land.

Ich wurde zur berühmtesten Piratin aller Zeiten.

WOFÜR GEHT MAN BEI DIR ÜBER DIE PLANKE?

Ein friedliches Miteinander ist in allen Lebenslagen wichtig. Zheng Yisao hat dafür einen Piratenverhaltenskodex eingeführt. Mach auch du eine Liste mit fünf Verhaltensregeln, die dir wichtig sind und an die du (oder ihr) euch haltet – oder halten solltet. ;-)

Du kannst auch verschiedene Listen schreiben: eine mit Regeln, die zu Hause gelten und an die sich deine Eltern, Geschwister und du halten sollen, eine für die Schule, für deine Freund*innen, gegenüber Fremden usw.

Notiere die Regeln hier oder auf Kärtchen, die du dann zum Beispiel daheim auf den Kühlschrank pinnen oder in deiner Schultasche mitnehmen kannst.

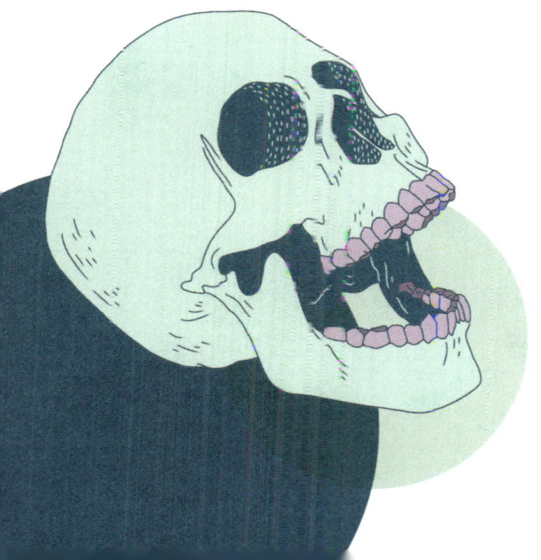

REGELN:

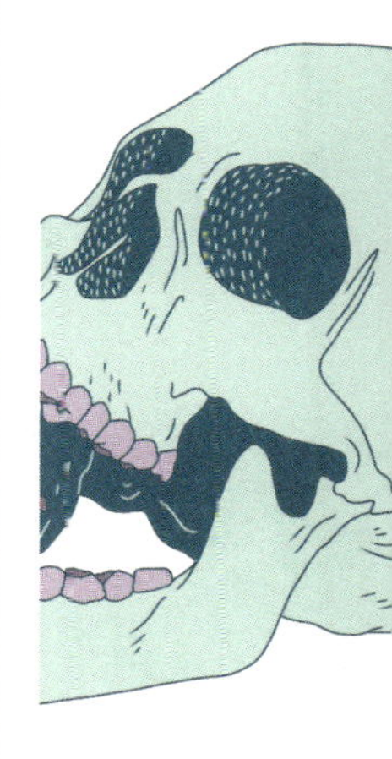

REGEL 1:

REGEL 2:

REGEL 3:

REGEL 4:

REGEL 5:

EMMELINE PANKHURST

15. JULI 1858 – 14. JUNI 1928

Geboren werde ich am 15. Juli 1858 als Emmeline Goulden in Manchester, England. Ich habe eine liebevolle Familie mit vielen Geschwistern, ein gemütliches Zuhause und meine Eltern setzen sich dafür ein, dass ich auch als Mädchen eine gute Ausbildung bekomme. Überhaupt treten sie für viele gute Dinge ein. Sie sind gegen die Sklaverei und für das Frauenwahlrecht.

Ich bin drei Jahre alt und lese alles, was ich in die Hände bekomme, sogar die Tageszeitung. Eines Nachts, ich bin gerade am Einschlafen, höre ich meinen Vater sagen, dass es ihm leidtue, dass ich kein Junge bin. Denn als Mädchen könnte ich niemals eine höhere Schule besuchen, arbeiten oder wählen gehen, so wie es meine Brüder einmal tun werden.

NACH DER ERSTEN FESTNAHME VON EMMELINE WANDERN IN DEN FOLGENDEN JAHREN TAUSENDE SUFFRAGETTEN FÜR IHRE ÜBERZEUGUNGEN INS GEFÄNGNIS.

Mit 14 Jahren nehme ich gemeinsam mit meiner Mutter an meiner ersten Versammlung zum Frauenwahlrecht teil. Ich lese viel über die Rechte der Frauen und wie wenig uns erlaubt ist, nicht nur in England, sondern auf der ganzen Welt. Mir wird klar, wenn sich daran jemals etwas ändern soll, dann müssen wir uns das Recht zu wählen erkämpfen.

Je mehr ich mich mit den Ungerechtigkeiten gegenüber Frauen beschäftige, desto stärker fallen sie mir überall auf. Auch in meiner eigenen Familie. Meine Eltern treten zwar für die Rechte der Frauen ein, trotzdem ist ihnen die Erziehung meiner Brüder wichtiger als die meiner Schwestern und mir. Wir Mädchen besuchen ein Internat, in dem wir vor allem lernen sollen, wie wir „gute" und „brave" Frauen werden.

Ich bin 15 und kann meine Eltern davon überzeugen, mich auf eine fortschrittliche Frauenschule in Paris zu schicken. Fünf Jahre später kehre ich als neue Emmeline ins alte Manchester zurück. Ich kann jetzt nicht nur fließend Französisch, nähen und sticken, sondern habe auch

DIE USA SIND DIE ERSTEN, DIE DAS FRAUENWAHLRECHT 1788 EINFÜHREN, IN KUWAIT DAUERT ES BIS INS JAHR 2005.

Chemie und Buchhaltung gelernt. Sofort beginne ich mich wieder meinem Lieblingsthema, den Rechten der Frauen, zu widmen.

Im selben Jahr lerne ich den sehr viel älteren Anwalt Richard Pankhurst kennen und wir heiraten schon kurze Zeit später. Er hat starke politische Überzeugungen und will wie ich das Frauenwahlrecht vorantreiben. In den nächsten zehn Jahren bringe ich fünf Kinder zur Welt. Doch wir haben kaum Geld. Richard setzt sich lieber für Politik ein, als mit seiner Arbeit für unseren Lebensunterhalt zu sorgen.

Ich werde Mitglied in der örtlichen Frauenwahlrechtsbewegung und schließe mich dem Suffragetten-Komitee an. Suffragetten, das sind Frauen wie ich, die sich für politische Gleichberechtigung einsetzen („suffrage“, auf Deutsch: Wahlrecht). Nach vielen erfolglosen Jahren, in denen Richard und ich versuchen, unsere politischen Ziele zu erreichen, stirbt er 1898 und lässt mich mit den Kindern zurück.

Ich bin 40 Jahre alt und muss erneut am eigenen Leib erfahren, wie ungerecht die Gesetze gegenüber Frauen sind. Wenn eine Frau stirbt, bekommt ihr Ehemann eine Rente, umgekehrt gilt das nicht. Ich muss hart arbeiten, um mich und die Kinder über Wasser zu halten. Zum Glück sind sie schon alle fast erwachsen. Vor allem meine Töchter Christabel und Sylvia treten in meine Fußstapfen und gemeinsam gründen wir eine Organisation, die „Stimmen für Frauen“ fordert und in der nur Frauen Mitglieder werden dürfen. Bisher waren wir es gewohnt, friedlich und gewaltfrei für unser Stimmrecht zu kämpfen, aber ich lerne aus den Erfolgen anderer. So hatten die Landarbeiter etwa das Wahlrecht gewonnen, indem sie Heuschober anzündeten und Krawalle anzettelten. Erst dann haben die englischen Politiker sie ernst genommen.

Immer mehr Frauen entscheiden, sich uns als kampfbereite Suffragetten anzuschließen.

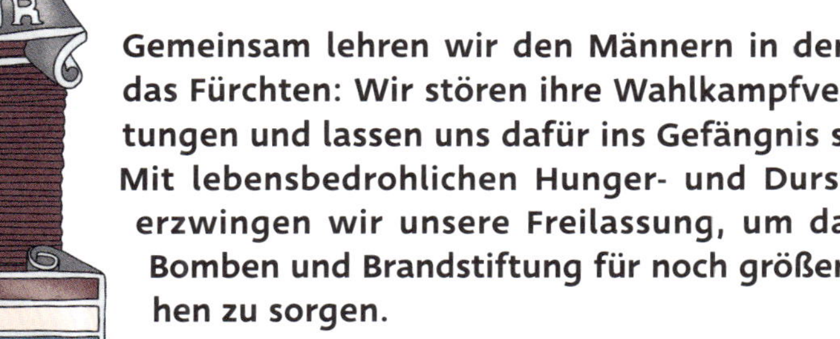

Gemeinsam lehren wir den Männern in der Politik das Fürchten: Wir stören ihre Wahlkampfveranstaltungen und lassen uns dafür ins Gefängnis sperren. Mit lebensbedrohlichen Hunger- und Durststreiks erzwingen wir unsere Freilassung, um dann mit Bomben und Brandstiftung für noch größere Unruhen zu sorgen.

Ich bin 56 und wir Suffragetten stehen kurz vor dem Sieg, da bricht der Erste Weltkrieg aus. Es erscheint mir nun wichtiger denn je, zusammenzuhalten. Gemeinsam mit anderen Suffragetten übernehmen wir Arbeiten, die sonst nur Männern zugetraut wurden. Nach dem Krieg wird dann zumindest Frauen über 30, die einen Haushalt führen, Eigentum besitzen oder einen Universitätsabschluss haben, das Wahlrecht zuerkannt.

> „FRAUEN SIND ERST DANN ERFOLGREICH, WENN NIEMAND MEHR ÜBERRASCHT IST, DASS SIE ERFOLGREICH SIND."

In den folgenden Jahren habe ich viele gesundheitliche Probleme und lebe deshalb lange in Kanada und auf den Bermudainseln, bevor es mich fünf Jahre später nach Großbritannien zurückzieht. Mit 69 Jahren sterbe ich dort am 14. Juni 1928 in London. Drei Wochen später, am 2. Juli 1928, tritt endlich in Großbritannien das allgemeine Wahlrecht für ALLE Frauen in Kraft.

Ich wurde zu einer berühmten Frauenrechtlerin, Politikerin und Suffragette.

WAS IST FÜR DICH GERECHT UND FAIR?

Gibt es in deinem Leben Ungerechtigkeiten, die du gern verändern würdest? Notiere hier, was dir alles einfällt. Mach danach einen Plan und überlege dir, wie du diese von dir empfundenen Ungerechtigkeiten (friedlich!) verändern könntest, so dass es dir (oder anderen) nachher besser geht.

GRETA THUNBERG

GEBOREN AM 3. JÄNNER 2003

it vollem Namen heiße ich Greta Tintin Eleonora Ernman Thunberg und ich werde am 3. Jänner 2003 in Stockholm, der Hauptstadt von Schweden, geboren. Meine Mutter ist Opernsängerin, mein Vater Schauspieler. Ich bin acht Jahre alt und in der Schule sprechen wir über den Klimawandel. Wir schauen einen Film über Plastikmüll im Meer und das Thema lässt mich nicht mehr los. Ich lese alles, was ich darüber finden kann, und was ich dabei erfahre, macht mich unendlich traurig. Ich weine viel und esse kaum.

Mit zwölf Jahren wird bei mir das Asperger-Syndrom diagnostiziert. Das ist eine Form von Autismus und auf einmal ist klar, warum ich die Welt immer schon etwas anders, aus einer anderen Perspektive, sehe. Ich habe ein sogenanntes Spezialinteresse, etwas, das bei Menschen im Autismus-Spektrum sehr verbreitet ist. Außerdem ist für mich alles nur Schwarz oder Weiß. Was den Klimawandel betrifft, heißt das, es gibt nur Handeln oder Nicht-Handeln.

Mir wird klar, wenn ich das Klima schützen will, dann muss ich bei mir selbst anfangen. Also ernähre ich mich vegan, mache keine Flugreisen mehr und schalte zu Hause alle unnötig brennenden Lichter aus. Durch meine Taten kann ich etwas Positives in der Welt bewirken. Das gibt mir Kraft, um meine Essstörung und Depression zu überwinden.

„ICH HABE GELERNT, DASS MAN NIE ZU KLEIN DAFÜR IST, EINEN UNTERSCHIED ZU MACHEN."

Ich bin 15 Jahre alt und gewinne den Schreibwettbewerb einer schwedischen Tageszeitung zum Thema Umweltpolitik. Plötzlich kontaktieren mich viele Umweltschützer*innen, die alle meinen Artikel gelesen haben. Drei Wochen vor der Wahl des schwedischen Parlaments schlägt einer von ihnen einen Schulstreik vor. Aber keine meiner Schulkolleg*innen will mitmachen. Also setze ich mich am 20. August 2018 ganz allein

vor den Reichstag in Stockholm, um zu demonstrieren. Auf mein Plakat habe ich geschrieben: „Skolstrejk för klimatet" (auf Deutsch: „Schulstreik für das Klima").

Die ersten drei Wochen streike ich jeden Tag. Nach den Wahlen nur mehr freitags, anstatt zur Schule zu gehen. Jeder kann schließlich selbst entscheiden, ob er schwänzen will oder nicht. Aber warum soll ich für eine Zukunft lernen, die bald nicht mehr existiert? Den versäumten Stoff hole ich dann zu Hause nach.

Mit meinem Motto „Schulstreik für das Klima" will ich die Öffentlichkeit auf den Klimawandel aufmerksam machen. Bald gibt es viele Kinder und Jugendliche, die sich mir anschließen und am Freitag auf die Straße gehen, um für den Klimaschutz und eine bessere Klimaschutz-Politik zu demonstrieren. Zuerst nur in Schweden, dann auf der ganzen Welt. „Fridays for Future" (FFF) nennt sich die neue Bewegung, die ich mit meinem Streik inspiriert habe und die sich unter dem Hashtag #FridaysForFuture organisiert.

„1,5 GRAD" MEINT, DASS MAN DEN MENSCHENGEMACHTEN GLOBALEN TEMPERATURANSTIEG DURCH DEN TREIBHAUSEFFEKT AUF 1,5 GRAD CELSIUS BEGRENZT.

Wenige Monate später, ich bin mittlerweile 16, lasse ich die Schulzeit hinter mir und nehme mir ein Jahr frei, um mich voll und ganz für den Klimaschutz einzusetzen. Einige Leute sagen, dass ich studieren sollte, um Klimawissenschaftlerin zu werden, damit ich die Klimakrise lösen kann. Aber ich glaube, ihnen ist nicht klar, dass die Klimakrise bereits gelöst ist. Wir haben schon alle Fakten und Lösungen. Alles, was wir tun müssen, ist aufzuwachen und uns zu verändern.

In der folgenden Zeit nehme ich bei vielen Protestveranstaltungen in verschiedenen europäischen Ländern teil. Sogar zu weit entfernten Veranstaltungen reise ich mit dem Zug oder im Elektroauto an. Ich gebe viele Interviews, trete in Fernsehshows auf und spreche auf internationalen Konferenzen. Zwei Jahre in Folge werde ich für meinen Einsatz fürs Klima für den Friedensnobelpreis nominiert. Ende 2019 erhalte ich den „Right Livelihood Award", auch bekannt als „alternativer Nobelpreis".

Im September 2019 möchte ich am UN-Klimagipfel in New York teilnehmen. Weil ich nicht mit dem Flugzeug fliegen will, muss ich mir etwas anderes überlegen. Im Juli nehme ich das Angebot eines deutschen Seglers an, den Atlantik mit der Segelyacht „Malizia II" zu überqueren. Gemeinsam mit zwei Seglern, meinem Vater und einem Dokumentarfilmer legen wir im August für die zweiwöchige Fahrt ab.

Überall treffe ich viele prominente Politiker*innen, sogar den Papst, und alle hören mir zu, aber unternehmen nichts. Entweder haben sie nicht richtig zugehört oder sie ignorieren alles oder sie warten auf irgendetwas. Es bleibt uns also wohl nichts anderes übrig: Wir jungen Leute müssen das Problem selbst in die Hand nehmen.

Ich bin innerhalb weniger Jahre zu einer Ikone der weltweiten Klimabewegung geworden.

„WIE KONNTET IHR ES WAGEN, MEINE TRÄUME UND MEINE KINDHEIT ZU STEHLEN MIT EUREN LEEREN WORTEN?"

JEDEN TAG DAS KLIMA SCHÜTZEN? GEHT!

Nicht nur dein Essen, auch Gegenstände wie Kleidung, Spielsachen und Smartphones brauchen zur Herstellung Energie. Viele Dinge kaufen wir, obwohl wir sie nur selten benutzen. Überlege dir, bevor du etwas kaufst, ob du es vielleicht tauschen oder gebraucht kaufen kannst. Ein gebrauchtes Fahrrad kann genauso gut sein wie ein neues, solange es gut gepflegt wurde und wird.

Um Gutes für den Klimaschutz zu tun, gibt es ein paar ganz einfache Tipps. Notiere dir hier, welche du gerne umsetzen möchtest. Vielleicht machen auch deine Familie und/oder deine Freund*innen dabei mit?

1. Welches Gemüse/Obst gibt es im Winter, welches im Sommer? Schreibe eine Einkaufsliste, auf der nur saisonales Obst und frisches Gemüse stehen.

2. Plane einen Tag mit deinen Freund*innen, an dem ihr mit wenig Energie auskommt. Vergiss nicht, auch Auto-, Bus- und Zugfahren benötigt Energie!

3. Wie viele Elektrogeräte hast du? Wenn du nur drei Stück haben dürftest, welche würdest du dir aussuchen?

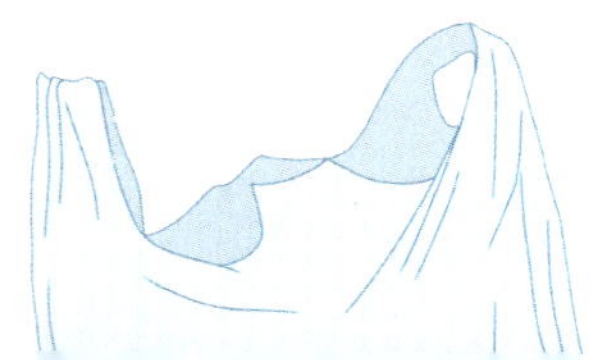

4. Achte beim Einkaufen auf die Verpackung. Papier ist besser als Plastik. Aber keine Verpackung ist die beste Verpackung!

5. Wenn du mit deinen Sachen sorgsam umgehst, halten sie lange und du kannst sie sogar verkaufen, wenn du sie nicht mehr brauchst.

6. Schalte das Licht aus, wenn du einen Raum verlässt. Das spart Energie!

7. Überlege dir als Geburtstagswunsch, was du gerne mit deiner Familie und/oder deinen Freund*innen unternehmen würdest, anstatt dir neue Sachen schenken zu lassen. Was war dein schönster Ausflug mit deiner Familie/deinen Freund*innen?

SIMONE DE BEAUVOIR

9. JÄNNER 1908 – 14. APRIL 1986

„MAN KOMMT NICHT ALS FRAU ZUR WELT, MAN WIRD ES."

Ich heiße Simone Lucie Ernestine Marie Bertrand de Beauvoir und werde am 9. Jänner 1908 in Paris geboren. Gemeinsam mit meinen Eltern und meiner kleinen Schwester Hélène, die alle nur Püppchen nennen, lebe ich in einer großen Wohnung am Boulevard du Montparnasse. Unseren Adelstitel, also das „de", und das Geld haben wir geerbt. Mein Vater ist zwar Anwalt, arbeitet aber nicht gern.

Meine Mutter Françoise ist Bibliothekarin und sehr gläubig. Wir werden also, so wie es sich für Töchter der französischen Bourgeoisie, dem wohlhabenden Bürgertum, gehört, streng katholisch erzogen. Mit vier Jahren bringe ich mir selbst das Lesen bei. Genau wie mein Vater liebe ich Gedichte und Poesie. Ab meinem fünften Lebensjahr besuche ich das katholische Mädcheninstitut. Dort werde ich auf die einzigen zwei Lebenswege vorbereitet, für die sich ein Mädchen aus gutem Hause entscheiden darf: Ehefrau und Mutter oder Nonne.

Als ich neun bin, wird alles anders. Mein Vater verliert beinahe sein ganzes Vermögen. Die kleine Wohnung, in die wir umziehen müssen, ist so eng, dass nicht mal die kleinste Ecke für mich bleibt. Ich flüchte mich in die Welt der Bücher. Ich bin 15 und wenn ich nach meinem Berufswunsch gefragt werde, sage ich: „eine berühmte Schriftstellerin". Meine beste Freundin Zaza dagegen will neun Kinder in die Welt setzen. So wie ihre Mutter es getan hat. Sie meint doch glatt, dass sei genauso viel wert, wie Bücher zu schreiben. Ich kann mir nichts Schlimmeres vorstellen!

Aber Hélène und ich werden sowieso nie heiraten oder Kinder kriegen. Meine Eltern haben kein Geld für eine Mitgift (Vermögen, das eine Braut mit in die Ehe bringt). Ich glaube, für meine Schwester ist das eine Art Weltuntergang. Aber ich finde es fantastisch. Jeden Tag Essen kochen und dann Stunden damit vergeuden, schmutziges Geschirr zu waschen, das hätte ich sowieso nicht gewollt. Vater sagt, ich denke wie ein Mann. Ich frage mich, was das heißen soll. Was unterscheidet die Frau denn eigentlich vom Mann?

In einer Zeitschrift entdecke ich einen Artikel über Léontine Zanta, die erste Frau, die 1914 in Frankreich ihren Doktor in Philosophie gemacht hat. Also können auch Frauen eine Karriere haben! Von da an ist Zanta mein großes Vorbild. Ich bin 17 Jahre alt und nach meinen bestandenen Abschlussprüfungen will ich nur schreiben, schreiben, schreiben. Aber wie soll das die Miete bezahlen? Vielleicht sollte ich doch Philosophielehrerin werden?! Gegen den Willen meiner Eltern beginne ich mit einem Philosophiestudium an der Universität in Paris.

IHRE GROSSEN LITERARISCHEN THEMEN WAREN FREIHEIT, MENSCHENRECHTE, EMANZIPATION.

Ich bin 21, als ich in einer Lerngruppe Jean-Paul Sartre kennenlerne. Er fordert mich heraus wie kein anderer und ich liebe die Diskussionen mit ihm. Er fragt mich, ob ich ihn heiraten möchte. Ich sage natürlich: Nein! Trotzdem bleiben wir 51 Jahre lang, bis zu Jean-Pauls Tod, zusammen.

Mit 23 Jahren arbeite ich als Lehrerin in Marseille, dann in Rouen. Nach fünf Jahren kehre ich in mein geliebtes Paris zurück. Jean-Paul und ich führen ein freies Leben. Wir wollen uns in keine Schubladen stecken lassen. Aber der Zweite Weltkrieg bricht aus und verändert vieles. Ich spüre, wie Freiheit und Unterdrückung, Glück und Leid aller Menschen miteinander verknüpft sind.

Ich greife immer dann zum Stift, wenn ich in den Büchern keine Antworten mehr auf die Fragen finde, die mich beschäftigen. Nachdem ich bereits zwei Romane veröffentlicht habe, löst mein drittes Buch einen Skandal aus. Es heißt „Das andere Geschlecht" und wird schnell ein Bestseller. Es geht darin um meine Entdeckung, dass ich als Frau in einer von Männern beherrschten Welt aufgewachsen bin, und wie anders mein Leben verlaufen wäre, wäre ich ein Junge gewesen. Außerdem analysiere und kritisiere ich darin die Rolle der Frau in der Gesellschaft ganz generell, womit das Buch zu einem Klassiker der Frauenbewegung wird.

„FEMINISMUS IST EINE ART, INDIVIDUELL ZU LEBEN UND KOLLEKTIV ZU KÄMPFEN."

Nachdem der Krieg endlich vorbei ist, habe ich genug davon, nur herumzusitzen und über die Veränderung der Gesellschaft zu schreiben und nachzudenken. Deshalb gehe ich auf Demonstrationen, nehme an Friedenskongressen teil, unterschreibe Petitionen und halte Vorträge auf der ganzen Welt. Während dieser Zeit veröffentliche ich Romane, philosophische Essays, Reiseberichte, Erzählungen und natürlich meine umfangreichen Memoiren. Als die neue Frauenbewegung in Frankreich entsteht, bin ich 52 Jahre alt und aktive Feministin.

Im Alter werde ich krank und gebrechlich, aber mein Wille und mein Geist bleiben bis zum Ende leidenschaftlich und stark.

Am 14. April 1986 sterbe ich schließlich mit 78 Jahren und lasse ein Leben zurück, in dem ich mich von den Fesseln meines Geschlechts und meiner Herkunft habe befreien können.

Ich war und bin bis heute auf der ganzen Welt als einflussreiche Schriftstellerin, Philosophin und Feministin bekannt.

EINFACH AUSPROBIEREN!

Gibt es in deinem Leben Dinge, von denen man dir sagt, oder du auch selbst glaubst, dass sie nur für Jungen oder Mädchen sind? Computer- oder Fußballspielen zum Beispiel oder einen Kuchen backen? Gibt es etwas, das du schon immer mal ausprobieren wolltest, aber dachtest, das „passt" nicht zu dir, einfach nur, weil man das als Junge oder Mädchen „nicht macht"? Mach es! Es gibt keine Sache auf der ganzen Welt, die du nicht tun könntest, nur weil du ein bestimmtes Geschlecht hast (oder eben nicht ;-))!!

WAS MÖCHTEST DU AUSPROBIEREN?

TRƯNG TRẮC UND TRƯNG NHỊ

GELEBT UND GESTORBEN IM
1. JAHRHUNDERT N. CHR.

Wir sind die berühmten Trưng-Schwestern: Trưng Trắc und Trưng Nhị. Und noch viel wichtiger: Wir sind eine Revolution! Wir werden in eine Zeit hineingeboren, in der Nordvietnam von der chinesischen Han-Dynastie unter Kaiser Wu beherrscht wird. Die Chinesen hatten im Jahre 111 v. Chr. die Regierung gestürzt und das gesamte Land unterworfen. Über Jahrhunderte wurde die Kultur des vietnamesischen Volkes unterdrückt und ihre Anführer gestürzt. Das Volk leidet und ein normales Leben ist unter der chinesischen Tyrannei nicht vorstellbar.

Wir sind die Töchter eines adligen vietnamesischen Militärgenerals aus der Provinz des heutigen Mê-Linh und werden um 12 n. Chr. geboren. Unser Vater sorgt dafür, dass wir, angefangen bei der Literatur bis hin zur Kriegskunst, eine umfangreiche Erziehung erhalten.

Ich, Trưng Trắc, bin die Ältere von uns beiden und bereits in frühen Jahren Witwe. Mein Ehemann wird von einem chinesischen General ermordet, nachdem dieser von unseren Plänen erfahren hat, die chinesische Regierung zu stürzen. Seine Leiche lassen sie als Warnung für alle Rebellen von der Stadtmauer baumeln. Ich lasse mich davon aber nicht abschrecken. Mein Mann war unvorsichtig, mit mir werden sie es nicht so leicht haben. Unseren Plan, den Adel zusammenzuschließen und gegen die Unabhängigkeit zu kämpfen, halte ich nach wie vor für gut und ich mache da weiter, wo mein Mann aufgehört hat. Außerdem habe ich meine furchtlose kleine Schwester Trưng Nhị an meiner Seite. Gemeinsam suchen wir unter den Dorfbewohner*innen nach kampfbereiten Mitstreiter*innen, die mit uns die Revolte anführen wollen.

BIS HEUTE WERDEN SIE MIT GESCHICHTEN, GEDICHTEN, THEATERSTÜCKEN, SCHREINEN, TEMPELN, DENKMÄLERN UND SOGAR BRIEFMARKEN ALS ERSTE BEFREIERINNEN DES LANDES GEFEIERT.

Wir rechnen mit einer kleinen Armee, aber unser Ruf zu den Waffen verbreitet sich wie ein Lauffeuer und plötzlich stehen 65 Städte und 80.000 Soldat*innen hinter uns. Zwar hat keine von uns beiden eine richtige Militärausbildung, aber Nhị ist Kämpferin, ich Politikerin – und gemeinsam werden wir Vietnam befreien.

„ZUERST WERDE ICH MEIN LAND RÄCHEN, DANN DIE HUNG-DYNASTIE WIEDERHERSTELLEN UND DEN TOD MEINES EHEMANNES RÄCHEN. ABSCHLIESSEND GELOBE ICH, DASS ALL DIESE ZIELE ERREICHT WERDEN."

Wir bilden 36 Frauen, darunter auch unsere Mutter, zu Generalinnen aus und ziehen mit den übrigen 80.000 Freiwilligen in die Schlacht gegen die Chinesen. Innerhalb eines Jahres gewinnen wir die Herrschaft über unser geliebtes Land zurück. Das Volk, dem wir seine Freiheit zurückgegeben haben, ernennt uns zu den Anführerinnen Nordvietnams und ich erhalte feierlich den Namen Trưng Vng, „der weibliche König Trưng". Ich bin 28 Jahre alt, als meine Schwester Nhị und ich auch das von den Chinesen eingeführte Steuersystem abschaffen und wieder eine traditionelle vietnamesische Regierung bilden.

Von da an hätte unser Leben so schön sein können. Doch nach einigen Jahren sendet Chinas neuer Kaiser Guangwu, der sein Land nach unserer Revolte wieder vereint hatte, seinen besten General, Ma Yuan, um uns erneut herauszufordern und Nordvietnam wieder unter chinesische Herrschaft zu bekommen.

Ma Yuan reitet an der Spitze seiner kampferprobten Armee nach Süden und wir führen unsere Truppen, auf einem Elefanten voranreitend, ihm entgegen. Die Schlacht dauert über ein Jahr. Am Ende werden wir besiegt und unsere Truppen niedergeschlagen. Meine Schwester und ich sind aber nicht bereit, durch chinesische Hand zu sterben. Und so ertränken wir uns, in einem letzten rebellischen Akt, gemeinsam in einem See. Ich bin 31 Jahre alt geworden.

Tausende unserer Anhänger*innen werden hingerichtet und die chinesischen Soldaten bleiben vor Ort, um Chinas Herrschaft über die Gebiete um Hanoi, der heutigen Hauptstadt Vietnams, sicherzustellen.

Neun Jahrhunderte lang währte die ausländische Herrschaft und während all der Zeit weigerte sich das vietnamesische Volk standhaft, uns, die heldenhaften Trưng-Schwestern, zu vergessen. Und auch während der jahrzehntelangen Kämpfe um die vietnamesische Unabhängigkeit im 20. Jahrhundert – zuerst gegen die französischen Kolonist*innen und dann im Vietnamkrieg gegen die Vereinigten Staaten – inspirierte unsere Geschichte das vietnamesische Volk zur Freiheit. Das ist bis zum heutigen Tag so geblieben.

Wir Schwestern wurden mit unserer Unerschrockenheit zu Vorbildern für den Kampf um Unabhängigkeit und Freiheit.

EIN VIETNAMESISCHES SPRICHWORT BESAGT: „WENN DER FEIND AM TOR IST, GEHEN DIE FRAUEN IN DEN KAMPF."

LASS DIR KULTUR GUT SCHMECKEN!

Alle Länder und ihre Kulturen sollte man feiern und besser kennenlernen. So verschieden die Kulturen der Länder aller Kontinente auf der Welt sind, so unterschiedlich sind auch das Essen und die Essgewohnheiten. Wie wir essen, spiegelt ein Stück unserer Persönlichkeit und unserer kulturellen Identität wider. In Vietnam wird traditionell eher wenig Fleisch oder Fisch, dafür mit viel Gemüse und frischen Kräutern gekocht. Als Grundlage dienen meist Reis oder Reisnudeln. Hast du zum Beispiel schon einmal einen vietnamesischen Salat probiert? Du brauchst dafür nur wenige Zutaten.

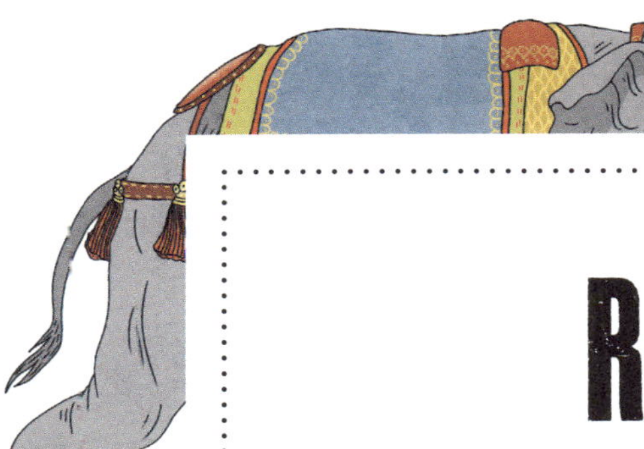

REZEPT

1 Eisbergsalat (oder einen anderen grünen Salat)
2-3 Karotten
1 rote Zwiebel
1-2 Limetten
2 Mangos, am besten nicht ganz reif
Minze und Koriander
Rote Pfefferoni (wenn du es gerne scharf hast)
Geröstete Erdnüsse
Und dann noch eine gute Fisch-Sauce und Öl (zum Beispiel Sesamöl)

Den Salat waschen, klein schneiden und in eine Schüssel oder auf einen großen Teller geben. Dann schälst du die Karotten und die Mangos und schneidest alles in lange dünnen Streifen. Du kannst auch deine Eltern fragen, ob sie das für dich übernehmen. Das gibst du alles zum Salat in die Schüssel. Wenn du möchtest, kannst du die rote Zwiebel in Ringe schneiden und auch zum Salat geben.

Dann ist die Sauce dran: Dafür vermischt du ca. 2-3 EL Limettensaft mit 4 EL Fisch-Sauce und 6 EL Öl. Kurz stehen lassen.

Wenn du es gerne etwas schärfer magst, gib noch ein wenig klein gehackte Pfefferoni in die Sauce. Den Schärfe-Grad musst du selbst abschmecken.

Danach zwei bis drei Hände voll Erdnüsse und die Kräuter klein hacken. Das alles gut mit der Sauce und dem übrigen Salat vermischen. Wenn ihr das Gefühl habt, es fehlt noch Salz oder Pfeffer, einfach nachwürzen. Fertig!

Am besten schmeckt der Salat übrigens, wenn man ihn mit anderen gemeinsam isst! ;-)

MACH DIR DIE WELT!

Jetzt bist du also am Ende dieses Buches angelangt und hast hoffentlich einige spannende und inspirierende Frauen für dich entdecken können, die dich durch ihr Leben geführt und etwas über ihren Beruf erzählt haben. Sie alle haben nicht nur im Alltag, sondern auch in der Politik, Wissenschaft, Kunst und Literatur ihre Spuren hinterlassen, waren Vorreiterinnen und haben sich in Männerdomänen durchgesetzt.

Nun bist du an der Reihe! Egal, ob du schon lange auf dieser Welt bist oder erst seit ein paar Jahren, du hast bestimmt schon viel erlebt.

Schreibe auf, was hinter dir liegt, was gerade in deinem Leben geschieht und spinne deine Biografie dann einfach weiter. Stell dir vor, was in deiner Lebensgeschichte noch alles auf dich zukommt. Was willst du einmal werden? Was erreichen? Wohin wirst du reisen? Wo wohnen? Wer wird bei dir sein? Was willst du sehen, hören, riechen und schmecken? Wer bist du und wer willst du einmal sein?

Erzähl dein Leben, erfinde deine Zukunft, mach dir die Welt!

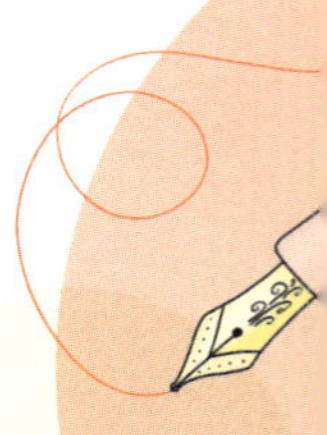

DANK

Zum Schluss möchte ich mich gerne bedanken. Bei dem feministischen Magazin an.schläge. Sie haben mir vor mittlerweile vier Jahren die großartige Möglichkeit gegeben, ihre monatlich erscheinenden „feminist superheroines" zu illustrieren. Von denen finden sich hier auch ein paar wieder. Ohne sie wäre dieses Buch wahrscheinlich nie entstanden. Das gilt auch für meine wunderbare Verlegerin Tanja Raich, die mir vorgeschlagen hat, aus den Porträt-Illustrationen noch mehr zu machen. Die an mich und meine Arbeit geglaubt und mir die großartige Lektorin Irmgard Fuchs und visionäre Grafikerin Michèle Ganser zur Seite gestellt hat. Ein absolutes Dream-Team und ich hoffe aus tiefstem Herzen, dass dies nicht unser letztes gemeinsames Projekt war.

Außerdem möchte ich mich bei den Menschen bedanken, die mich zu der Person haben werden lassen, die ich heute bin. Meinen Eltern dafür, dass sie meine Flügel nicht gestutzt, sondern immer darauf geachtet haben, dass meine Fantasie und ich genug Raum für Testflüge bekommen. Meiner Liebe Matthias und meinem kleinen Sohn Laurin, die mich täglich herausfordern, inspirieren und auffangen.

Zu guter Letzt auch noch ein großes Dankeschön an all die Frauen, lebend oder tot, die mir für dieses Buch ihre Geschichte geliehen haben. Vor allem aber gilt jenen Damen besonderer Dank, die in Form von Gastbeiträgen zu einem wichtigen Teil dieses Buchs geworden sind: Politologin, Sachbuchautorin und Aktivistin Emilia Roig, Biologin, Schriftstellerin und Übersetzerin Andrea Grill, Forscherin Katharina Krösl und Kulturwissenschaftlerin, Journalistin und Schriftstellerin Mithu Sanyal. Ich danke euch mutigen Frauen und Wegbereiterinnen.

© Minitta Kandlbauer

RAFFAELA SCHÖBITZ

Geboren 1987 in Wien, lebt und arbeitet als freie Illustratorin und Autorin ebenda. Bereits in ihr erstes Freundschaftsbuch kritzelte sie bei Berufswunsch: Schriftstellerin. Das Zeichnen war aber immer schon Begleiterscheinung. Am liebsten versinkt sie hinter ihrem Schreibtisch in erdachten Zeichenwelten, während im Hintergrund ein Hörbuch läuft. Die letzten Bücher, die auf diese Weise entstanden sind, waren „Planetenspatzen" (Picus 2022), „Sam und die Evolution" (Tyrolia 2022) und „Dicke Biber" (Leykam 2021). Am Entstehen beteiligt sind unter anderem: Bleistift, Tusche und Aquarell, zuletzt häufig auch das Tablet.

Copyright © Leykam Buchverlagsgesellschaft m.b.H. Nfg. & Co. KG, Graz – Wien 2022

Kein Teil des Werkes darf in irgendeiner Form (durch Fotografie, Mikrofilm oder ein anderes Verfahren) ohne schriftliche Genehmigung des Verlages reproduziert oder unter Verwendung elektronischer Systeme verarbeitet, vervielfältigt oder verbreitet werden.

Umschlaggestaltung: Raffaela Schöbitz und Christine Fischer
Satz und Typografie: Michèle Ganser
Druck: Florjančič tisk d.o.o.
Lektorat: Irmgard Fuchs
Gesamtherstellung: Leykam Buchverlag

Klimaneutral gedruckt mit freundlicher Unterstützung durch die Kulturabteilung der Stadt Wien.

www.leykamverlag.at
ISBN 978-3-7011-8238-1